Lit. B.

Plan N.o III.
pl. N.o II

2.

…ef zu einer gewölbten Kanal-Brücke
…s- Donau-Main-Kanale.

Genehmigt
München 7 Juli 1837
Ludwig

150 Jahre Alter Kanal

ELFRIEDEO

Der Kanalhafen von Nürnberg gegen Westen.
Stahlstich von Alexander Marx, 1845

150 Jahre Alter Kanal

Ludwig-Donau-Main-Kanal

Herbert Liedel · Helmut Dollhopf

Mit Beiträgen von:

Kurt Endres, Jürgen Franzke,

Klaus Schamberger

Verlag W. Tümmels

Die Autoren bedanken sich bei:
Helmut Beer, Nürnberg · Familie Böhm, Schwarzenbruck · Josef Bollwein, Nürnberg · Erich Dietel, Kelheim · Rudibert Ettelt, Kelheim · Walter Falk, Nürnberg · Ewald Gerber, Nürnberg · Reinhard Grebe, Nürnberg · Heinz Härtlein, Nürnberg · Klaus Herpolsheimer, Lauf/Pegnitz · Robert Hertel, Nürnberg · Familie Hofmann, Pfeifferhütte · Maria Hutzler, Röthenbach b. St. Wolfgang · Wolfgang Illenseer, Nürnberg · Kanalmuseum, Burgthann · Roland Keller, Fürth · Rainer Kestler, Forchheim · Horst Kurz, Nürnberg · Familie F. Loos, Gnadenberg · Kvetoslav Maedler, Schwarzenbruck · Familie Mayer, Bamberg · Josef Menrath, Wintersdorf · Gabriele Moritz, Neumarkt · Eva Mötsch, Rückersdorf · Walter Müller-Kalthöner, Nürnberg · Familie W. Neumann, Nürnberg · Fa. Holz Nigl GmbH, Nürnberg · Familie Pfaller, Mühlhausen · Pauline Priebus, Pfeifferhütte · Christa Rheingruber, Fürth · Helmut Richter, Erlangen · Walter F. Rüfer, Ebermannstadt · Rubert Schmid, Kelheim · Irmgard Schneider, Erlangen · Helga Seidel-Rüfer, Ebermannstadt · Andrea Six, Bamberg · Familie Sperr, Röthenbach b. St. Wolfgang · Wolfgang Steger, Treuchtlingen · Willi Stich, Neumarkt · Wilhelm Tratner, Kelheim · Peter Ulmer, Fürth · Verkehrsmuseum Nürnberg · Willibald Vetter, Nürnberg · Wasser- und Schifffahrtsamt, Nürnberg · Wasserwirtschaftsamt, Nürnberg · Gabriele Zipf, Mühlhausen.

Bildnachweis
Sammlung Carl Asmus, Weilheim: Seite 15 unten
Familie Böhm, Schwarzenbruck: Seite 43 unten
Centrum Industriekultur, Nürnberg: Seite 34
Erich Dietel, Kelheim: Seite 52 unten, 53
Walter Falk, Nürnberg: Seite 30 oben, 33 oben, 35 oben, 42, 45 oben links und rechts
Stadtarchiv/Stadtchronik, Forchheim: Seite 21
Richard Fritz, Kelheim: Seite 47 unten links und rechts
Stadtarchiv Fürth: Seite 22, 23, 24 unten, 25 , 29, 31 unten, 32, 33 unten
Ewald Gerber, Nürnberg: Seite 39 unten
Heinz Härtlein, Nürnberg: Seite 38, 39 oben, 40 unten, 41, 44 unten
Familie Hofmann, Pfeifferhütte: Seite 17 oben
Maria Hutzler, Röthenbach b. St. Wolfgang: Schutzumschlag vorne, Bild unten, Seite 55 oben rechts
Stadtarchiv, Kelheim: Seite 52 oben
Günther Knabe, Pfeifferhütte: Seite 40 oben, 46 oben
Foto Kneidinger, Beilngries: Seite 31 oben
Archiv Kulturladen Gartenstadt, Nürnberg: Seite 30 unten
Horst Kurz, Nürnberg: Seite 24 oben
Otto Liedel, Nürnberg: Seite 28 oben
Bildarchiv Liedel-Dollhopf: Seite 18/19, 20 oben, 20 Mitte, 26, 27, 28 Mitte, 28 unten, 35 Mitte, 54
Hans-Werner Mayer, Bamberg: Seite 12, 13, 14 unten
Eva Mötsch, Rückersdorf: Seite 36, 37
Peter Müller, Nürnberg: Seite 44 oben
Naturhistorische Gesellschaft Nürnberg e.V.: Seite 45 unten
Fa. Holz Nigl GmbH, Nürnberg: Seite 35 unten
Anglerklub Noris e.V., Nürnberg: Seite 46 unten
Georg Pfaller, Mühlhausen: Seite 55 unten
Stadtarchiv Nürnberg: Seite 11, 14 oben, 20 unten, 43 oben
Rubert Schmid, Kelheim: Seite 50, 51
Willibald Stich, Flußmeisterstelle Neumarkt: Seite 47 oben
Wasser- und Schiffahrtsamt, Nürnberg: Seite 15 oben, 16, 17 unten, 48/49

Fotografien: Herbert Liedel, Helmut Dollhopf
Grafik: Hannelore Christen-Liedel

Gesamtherstellung: W. Tümmels Buchdruckerei
und Verlag GmbH, Nürnberg
Lithos: Reprotechnik Staudacher GmbH

Gedruckt auf LuxoSatin holzfrei
halbmatt vollgestrichen TCF Bilderdruck
aus dem Hause Schneidersöhne Papier.

ISBN 3-921590-41-8
Printed in Germany

Schutzumschlag vorne:
Schleuse 14 bei Dietfurt, 1979
Familie des Kanalmeisters Falk an der Schleuse 46 im Jahre 1919

Schutzumschlag hinten:
Sonnenaufgang bei Schwarzenbach, 1995

Seite 2/3:
Historisches Treidelschiff vor Anker bei Schwarzenbach, 1995

Inhalt

Zum Geleit

Alte Verkehrswege üben immer einen besonderen Reiz aus. Sind sie doch Zeugen einer Zeit, als zunehmender Handel eine Erweiterung des Wirkungskreises des einzelnen und eine damit einhergehende Bewußtseinserweiterung ganzer Gesellschaften hervorrief. Entlang dieser Straßen pulsierte das Leben, wurden nicht nur Waren transportiert, sondern auch Ideen, Gesinnungen und Wertvorstellungen. Die fortschreitende Vernetzung unterschiedlicher Regionen und Volksgruppierungen durch Handelswege war schließlich bahnbrechend für den Aufbruch in moderne, industrielle Zeiten.

Der Wunsch, die Flüsse Main und Donau über die europäische Hauptwasserscheide hinweg zu verbinden, reicht vom Versuch Karls des Großen (fossa carolina) bis zur Fertigstellung der heutigen Großschiffahrtsstraße des Europakanals. Wer heute einen Spaziergang entlang der ehemaligen Treidelwege am alten Ludwigskanal unternimmt, wandelt auf historischen Pfaden. Noch erhaltene Schleusenanlagen, kühne Brückenkonstruktionen und ausladende Dammaufschüttungen lassen die technische Pioniertat seiner Erbauer erahnen.

Als am 15. Juli 1846 – vor genau 150 Jahren – der Ludwig-Donau-Main-Kanal nach zehnjähriger Bauzeit am Erlanger Kanaldenkmal eingeweiht wurde, geschah dies in Abwesenheit seines Initiators König Ludwig I. von Bayern. Er ahnte wahrscheinlich bereits zu diesem Zeitpunkt, daß der wirtschaftliche Erfolg seines ehrgeizigen Projekts sich in engen Grenzen halten würde. Schuld daran hatte in erster Linie die Konkurrenz der Eisenbahn, die in den folgenden Jahrzehnten einen rasanten Aufschwung erlebte.

Trotz seines ökonomischen Scheiterns hatte der „alte Kanal", wie er liebevoll im Volksmund genannt wird, im Laufe seiner bewegten Geschichte kaum etwas von seiner Popularität eingebüßt. Seine heutige Anziehungskraft bezieht er vor allem durch seine landschaftlichen Reize, ist er doch zum wertvollen Biotop für seltene Tiere und Pflanzen geworden.

In dem beinahe vollständig erhaltenen Abschnitt südlich Nürnbergs bis ins Altmühltal ist er der einzig geschlossene grüne Weg, der von Nürnberg in die Oberpfalz und weiter ins Altmühltal führt.

Nicht zuletzt hat der alte Kanal durch seine romantischen Motive immer wieder Fotografen angelockt. Seine Idylle hat uns schon vor 20 Jahren begeistert. Aus diesen Fotografien entstand der erfolgreiche Bildband „Der alte Kanal – damals und heute", der in 5 Auflagen erschien und jetzt vergriffen ist. In historischen SW-Aufnahmen zeigten wir die Zeit, als der alte Kanal noch in Betrieb war, die aktuellen Farbbilder fingen den besonderen Reiz des Kanals im Wandel der Jahreszeiten ein.

Aber auch nach der Veröffentlichung des Buches zog uns der Kanal immer wieder in seinen Bann. Besonders schmerzlich waren die Eindrücke, die wir während des Baus des neuen Main-Donau-Kanals im Altmühltal und im Ottmaringer Tal erlebten. Hier wurde der Lauf des alten Kanals fast vollständig zerstört. In einer ausführlichen vergleichenden Fotodokumentation, die den Zustand vor und nach der Zerstörung vor Augen führt, prangerten wir die Verluste an Landschaft, Natur und an Baudenkmälern des Ludwigskanals an (Liedel/Dollhopf; „Der alte Kanal – der neue Kanal, Landschaftsverluste im Altmühltal", Würzburg 1992).

Jetzt freuen wir uns, anläßlich des 150jährigen Kanaljubiläums einen neuen Bildband präsentieren zu können, mit bisher unveröffentlichten historischen Fotografien und aktuellen Farbaufnahmen.

Dieses Buch läßt die wechselvolle Geschichte des Kanals in alten Stichen, Postkarten und SW-Fotografien Revue passieren.

Die Dokumente erzählen von seiner hoffnungsvollen Fertigstellung, seiner kurzen Blütezeit, von der schon legendären Schlagrahmdampferzeit, vom langsamen Verfall bis zu seiner Stilllegung.

Absicht unserer Fotografie ist es, Sinnbilder einer versunkenen Zeit zu schaffen, in der es noch ein Bedürfnis war, ökonomischen Nutzen mit der Welt des Schönen zu verbinden.

Textbeiträge von Kurt Endres, Jürgen Franzke und Klaus Schamberger berichten vom Abenteuer des Kanalbaus, vom Alltag der Schleusenwärter und vom Geheimnis, warum sich im Kanal die fränkische Seele spiegelt.

Nürnberg, im Juli 1996

Herbert Liedel · Helmut Dollhopf

Zeittafel

1825	Ludwig I. wird König von Bayern und beauftragt Heinrich Freiherr von Pechmann mit der Planung des Kanals
1836	Beginn des Kanalbaus
1846	Eröffnungsfeier am Kanal-Denkmal bei Erlangen
1850	Höchststand des Güterumschlages
ab 1860	Verminderung des Frachtaufkommens durch die Konkurrenz der Eisenbahn
um 1870	Anfänge von Ausflugsfahrten auf dem wirtschaftlich bereits bedeutungslosen Kanal
ab 1925	Zeit der Schlagrahmdampfer
1945	Schwere Beschädigungen durch Bombentreffer im Zweiten Weltkrieg
1950	Offizielle Stillegung als Wasserstraße
ab 1955	Zerstörung des Abschnittes Nürnberg–Bamberg durch den Bau des Frankenschnellweges
ab 1980	Zerstörungen im Altmühltal und Ottmaringer Tal durch den Bau des Main-Donau-Kanals
1996	„150 Jahre Ludwig-Donau-Main-Kanal“

Das Motiv dieser handcolorierten Postkarte zeigt den Kanalhafen in der Bamberger Altstadt um die Jahrhundertwende. Das Stadtbild hat sich bis heute kaum verändert, auch die beiden Kräne aus der Maschinenfabrik Wilhelm Spaeth in Nürnberg sind erhalten geblieben.

Um die vielen Mühlwehre der schnell fließenden Regnitz in der Bamberger Altstadt zu umgehen, mußten die Schiffe über den Nonnengraben zur Schleuse 100 geleitet werden. Die Postkarte von 1904 links oben dokumentiert den seltenen Anblick eines Flößers im Nonnengraben.

links unten: Nur selten war der Andrang von Lastkähnen im Bamberger Hafen so stark wie auf diesem Bild, das um 1870 entstand.

Um 1905 befuhren auch „moderne“ Schiffe den Kanal. Zum Fototermin machte die Dampfflotte an der Anlegestelle im Nonnengraben halt.

links: Schon 1906 war der Kanal ein beliebtes Ausflugsziel. An Sonntagen flanierten die Bambergerinnen gerne im Theresienhain entlang der kanalisierten Regnitz.

unten: Herrenpartie auf der Regnitz um 1906 am Mühlwörth; links neben der alten Mühle befindet sich die noch voll funktionsfähige Schleuse 100.

rechts: Schon im Jahre 1939 zeigt der Forchheimer Kanalhafen Spuren des Verfalls.

unten: Durch die Konkurrenz der Eisenbahn war der Kanal frühzeitig zum Scheitern verurteilt. Die Lokalbahn Forchheim–Höchstadt hatte daran wohl nur geringen Anteil. Auf dem Foto überquert das Dampfbähnlein gerade den Kanal westlich von Forchheim.

Dieses Foto aus dem Jahr 1941 zeigt eine Bäuerin mit Ochsengespann unterhalb von Altendorf bei der Arbeit am Kanaldamm. Links ist der Werkskanal des Überlandwerkes Oberfranken zu sehen.

rechts: Seit Generationen lebt die Familie Hofmann am Kanal an der Schleuse 40 bei Pfeifferhütte. Für die Mutter des Schleusenwärters Fritz Hofmann war es ein einfaches, aber zufriedenes Leben, erfüllt von harter Arbeit. (Aufnahme um 1938)

unten: Komplettes Ensemble einer Kanalschleuse: die Schleuse 96 im Jahr 1941 mit Kanalwärterhäuschen, Laub- und Obstbäumen. Im Hintergrund ist Hirschaid zu erkennen.

Wo heute der Autoverkehr des Frankenschnellweges um den Erlanger Burgberg dröhnt, erinnert nur noch das erhaltene Kanalmonument an alte Zeiten. Fotografen hatten damals den Ehrgeiz, alle Beteiligten einer Szenerie auf die Platte zu bannen. Es entstand ein Zeitdokument von besonderem Reiz an der Schleuse 89.

oben: Grüße vom Ludwigskanal aus Erlangen im Jahre 1909

Mitte: Nur wenige Meter entfernt von der Schleuse 89 wurde bereits 1844, also zwei Jahre vor Eröffnung des Kanals, der erste Eisenbahntunnel Bayerns der Nord-Süd-Bahn Bamberg–Nürnberg am Burgberg von Erlangen fertiggestellt. Ein wahrlich symbolischer Ort, denn der Siegeszug der Eisenbahn war es letztlich, der dem Kanal das Wasser abgrub.

unten: Ansichtskarte vom Kanal aus Erlangen um die Jahrhundertwende

Kanalidylle in Erlangen um 1910: Kanal und Hebebrücke bei der Martinsbühler Kirche wurden durch den Bau des Frankenschnellweges der A 73 zerstört.

Ausführung und Dimensionen des alten Kanals waren so angelegt, daß die Schiffe von Pferden gezogen werden mußten. Die Dampfkraft steckte erst in den Kinderschuhen. Die durchschnittliche Geschwindigkeit beim Treideln betrug nur 3 km/h.

links oben: An der Kurgartenbrücke in Fürth führt ein Treiber sein Pferd entlang des Ziehweges. Das Treideln war in den dreißiger Jahren bereits eine Seltenheit.

links unten: Während des Schleusens, hier am Bahnhof Doos in Fürth, hatte das Pferd Verschnaufpause.

oben: Die Frachtschiffe waren hauptsächlich mit Baustoffen wie Holz, Kies, Sand oder Steinen beladen. Aber auch Kohle und Getreide wurden transportiert.

rechts: Während des Baus des Kanals am Dörlbacher Einschnitt wurden die Arbeiter in der sogenannten Kaserne untergebracht. Sie ist heute noch gut erhalten und seit Generationen in Besitz der Familie Kurz aus Nürnberg. Die Aufnahme zeigt die Kaserne um 1920.

unten: Durchfahrt des Frachtkahnes Ihrlerstein in Fürth Ronhof in den dreißiger Jahren. Die architektonisch reizvollen Sandsteinbrücken hatten allerdings den Nachteil, daß das Treidelseil ausgeklinkt werden mußte, weil der Treidelweg nicht unter der Brücke hindurch führte.

links: Im Herbst gab es viel zu tun am Kanal: Wiesen und Felder waren an Anlieger verpachtet. Die Aufnahme entstand um 1930 in Kronach bei der Gaststätte Weigel.

unten: Obsternte „Am Espan“ in Fürth. 40 000 Obstbäume ließ Freiherr von Pechmann, königlicher Oberbaurat, entlang des Kanals pflanzen. Böse Zungen behaupteten, daß der Ertrag aus der Obsternte für die Kanalverwaltung eine höhere Einnahmequelle bildete als die Schiffahrtsgebühren.

Wirtschaftlich war der Kanal zwar längst bedeutungslos geworden, aber für die Nürnberger und Fürther hatte er nichts von seiner Attraktivität verloren. Sehr beliebt waren vor dem Krieg die sogenannten Schlagrahmdampfer Antonia, Karl und Hansi, die zwischen Doos und der Ausflugsgaststätte Weigel in Kronach verkehrten.
An Wochenenden bei schönem Wetter standen die Ausflügler Schlange an der Anlegestelle bei Doos.

rechts: Mit der Hansi auf großer Fahrt, vorbei an Apfelbäumen und der Poppenreuther Kirche.

unten: Badende Kinder bei der Kurgartenbrücke an der Stadtgrenze zwischen Nürnberg und Fürth.

oben links:
Für ihre Maifeier 1936 hatte die Belegschaft der Mineralölgesellschaft Standard die „Karl" gemietet.

Die Feldpostkarte unten von 1907 zeigt die Café- und Bierrestauration Memmert. Später übernahm die Wirtsfamilie Weigel die Ausflugsgaststätte und erweiterte die Schiffsflotte. (Postkarte Mitte)

Seite 29 oben links:
Fahrt zwischen blühenden Bäumen an der Stadtgrenze bei der Kurgartenbrücke.

Seite 29 oben rechts:
Anlegestelle Doos

Seite 29 unten:
Das Ende der idyllischen Schlagrahmdampferzeit bahnte sich an, als die Nationalsozialisten nicht davor zurückschreckten, Juden den Zutritt auf den Ausflugsschiffen zu untersagen.

Motorboot·Kronach
Abfahrt von hier:
An Werktagen 14.00 15.30 Uhr.
An Sonntagen 14.00 15.30 17.00 Uhr.
Ohne Karten keinen Zutritt. | Fahrkarten im Laden
Werktags ermässigter Fahrpreis
Zwischenboote heute
14.30 15.00

Juden Zutritt verboten!

rechts: Die 1913 in Nürnberg gegründete Reederei Demerag unterhielt mehrere Frachtkähne, die auf dem alten Kanal bis zu seiner Stillegung im Einsatz waren. Das Foto zeigt die eingefrorene Schleuse 76 im extrem kalten Winter 1929, als die Schiffahrt viele Monate eingestellt werden mußte, an der „Demerag Lände". Dahinter die Lagerhallen mit Gleisanschluß.

unten: Im Winter gehörte der Kanal in der Gartenstadt Nürnbergs den Schlittschuhläufern. Spezielle Sportmoden waren um 1927 noch nicht üblich.

rechts: Was gab es Schöneres für die Jugend von Beilngries, als im Winter mit selbstgeschnitzten Stöcken auf dem Kanal Eishockey zu spielen?

unten: Ein Bild aus Zeiten, als es noch keine Kühlschränke gab: Das Brauhaus Nürnberg holte sich im Winter die Eisstangen aus dem zugefrorenen Kanal.

80

Seite 32 oben:
Nur kleinen Dampfschiffen war es gestattet, den Kanal in langsamer Fahrt zu passieren. Hier ein Schleusenvorgang an der Stadtgrenze am Bahnhof Doos.

Seite 32 unten:
Für Kinder war es ein besonderer Spaß, auf Frachtkähnen bis zur nächsten Schleuse mit Duldung des Schiffsführers mitfahren zu dürfen. Der gelungene Schnappschuß entstand an der Anlegestelle Doos, im Hintergrund ist noch ein Brauereifuhrwerk zu erkennen.

rechts: Am Umschlaggelände der Demerag an der Dianastraße in Nürnberg warten zwei Kanalschleppschiffe auf ihre Ladung (aufgenommen 1930).

unten: Stilleben am Kanal: Am Gasthaus Felsen machte der Frachtkahn „Gute Fahrt" Mittagspause. Der rauchende Schlot gehörte zu der Fabrik Debast an der Kurgartenbrücke (um 1935).

Sowohl speziell für den Kanalbau neu entwickelte Maschinen als auch die typischen Hafenkräne wurden von dem Nürnberger Eisenwerk Johann Wilhelm Spaeth hergestellt.

oben: Foto des Fabrikgeländes am Dutzendteich um 1900

unten: Blick in eine der Fabrikhallen mit Fräsmaschinen und Transmissionen.

links: Mit dem Bau des Frankenschnellweges kam auch das Ende des alten Kanalhafens an der Rothenburger Straße in Nürnberg. Auf dem Foto von 1916 ist Hafenmeister Konrad Falk mit Frau vor seiner Dienststelle und Wohnung zu sehen.

Mitte: Um die Jahrhundertwende diente der Nürnberger Kanalhafen noch zum Umschlag von Baumaterialien aus der Umgebung. Lichtdruck 1913

unten: Die heute noch bestehende Holzhandlung Nigl war früher am Nürnberger Kanalhafen Nr. 55 auf dem Gelände des Kgl. Bayerischen Kanalamtes ansässig. Hier wurde Holz aus dem Bayerischen Wald per Schiff angeliefert und auf Lastkraftwagen umgeladen. Das Bild zeigt einen Lkw der Firma NSU, beladen mit Gerüststangen. Das Fahrzeug war mit Hartgummi bereift und hatte Holzfelgen.

Nationales Schwimfest am Kanal Schleuse 77.
16 Juli 1911

Am Kanal 1913 Schleuse 77

Seite 36/37:
Eine Doppelseite, entnommen aus dem Familienalbum der bekannten Nürnberger Leistungsschwimmerin Eva Mötsch von Bayern 07. Als sechsjähriges Mädchen erlebte sie als Zuschauerin die Schwimmfeste am alten Kanal.

oben: Stolz präsentieren sich um 1910 Wirt Michael Rühl (mit Schürze) und seine Gäste zum Gruppenbild vor dem Gasthaus Ludwigskanal, ab 1927 jetzige Gaststätte Gambel in Worzeldorf.

links: Von 1894–1926 war Schleusenwärter Weih aus Worzeldorf im Dienste des Kanals. Das Erinnerungsfoto links zeigt ihn in Uniform zusammen mit seiner Familie, oben auf Seite 39 ist er an seiner Schleuse 68 abgebildet.

unten: An der Kirchweih 1907 in Worzeldorf hat sich die Großfamilie des Schleusenwärters Jobst Laumer (mit Mütze) für den Fotografen in Schale geworfen. Seine Gala-Uniform befindet sich heute im Heimatmuseum Kornburg.

rechts: Am Kanal waren immer wieder Reparaturarbeiten notwendig. Um einen Dammbruch zu vermeiden, mußte im Winter 1928 der Durchlaß des Kettenbachs freigeschaufelt werden.

unten: Das Betriebsfest der Hartmann'schen Ziegelei (vormals Gösel) in Worzeldorf um 1890. Die Ziegelei wurde direkt neben dem Kanal erbaut, um ihn als kostengünstigen Transportweg zu nutzen.

*links: Das Ende für die Hartmann'sche Ziegelei kam bereits mit dem Ersten Weltkrieg.
Kurz davor entstand dieses Dokument, das einen Teil der Belegschaft vor der Zugmaschine der Betriebsbahn zeigt. Dritter von rechts der Maschinist Hans Metz aus Worzeldorf.*

unten: Die Steine für Bauwerke des Kanals wurden aus Steinbrüchen der Umgebung gewonnen. Eine Pferdebahn transportierte das Material aus dem Hofmannsbruch bei Worzeldorf hinunter zum Kanal zur Verladung.

Seite 42: Damals wie heute als Wanderziel äußerst beliebt: das Schwarzachtal am Brückkanal. Dort trafen sich auch die Mitglieder des Nürnberger Gesellschaftsvereins Zwinger im Jahre 1921.

oben: Die nachkolorierte Postkarte zeigt die ursprünglichen Gebäude der beliebten Ausflugsgaststätte „Am Brückkanal" um die Jahrhundertwende oberhalb des Schwarzachtales.

unten: Familienglück am Brückkanal: Das Erinnerungsfoto zeigt Kanalwärter Friedrich Haas mit Frau Margarete und Sohn Georg im Jahr 1890.

Schon in den dreißiger Jahren wurde der Kanal als Freizeitparadies entdeckt.

Seite 44 oben:
Bademodenschau an der Schleuse 50

Seite 44 unten:
Radfahrer mit Schlips: Josef Dinta aus Worzeldorf startet zur Sonntags-Radtour an Schleuse 69.

oben links: Treffpunkt für Geselligkeiten: Die Zwingerer feiern wieder einmal am Kanal. Der Verein wurde 1920 in Nürnberg im Ludwigstorzwinger gegründet. Es war eine zünftige Vereinigung von waschechten Freizeitmusikern, Schauspielern, Kunstkraftsportlern und anderen Künstlern in einer Zeit, als Unterhaltung noch nicht vom Fernsehen bestimmt wurde.

oben rechts: Der kleine Matrose: An Bord von Kanalschiffen durfte er schon als Vierjähriger, Walter Falk, späterer Geschäftsführer der Reederei Demerag.

unten: Zünftig ging es auch bei den Kanalfesten der Naturhistorischen Gesellschaft Nürnberg zu (Aufnahme 1927).

rechts: Nur wenige Zentimeter Abstand blieben zwischen Bordwand und Schleusenmauer, wenn das Motorschiff der Demerag eine Schleuse passierte (Aufnahme um 1940).

unten: Anläßlich eines Fischerfestes trafen sich 1926 die Mitglieder des Fischerbundes Noris – heute Anglerklub Noris e.V. Nürnberg – in Regensburg. Hans Roth, dem Vorsitzenden des Vereins von 1945–1970 ist es zu verdanken, daß die Trockenlegung des Kanals zwischen Nürnberg und Neumarkt verhindert wurde.

Falls der Schleusenwärter abwesend war, mußte seine Frau zupacken. Hier kurbelt Frau Lehmann am oberen Tor der Schleuse 8 in Haidhof die Schützen hoch.

oben: Das wohl älteste Foto vom Neumarkter Hafen zeigt das Lagerhaus mit Kränen, damals noch vor den Toren der Stadt.

unten links: In Trockenzeiten war es schwierig, dem Kanal genügend Wasser zuzuführen. Bei zu niedrigem Wasserstand mußten die Schiffe ihre Ladung reduzieren.

Um die Altmühl schiffbar zu machen, mußte sie aufgestaut werden. Im Jahr 1924 waren am Wehr bei Meihern wegen der Schiefstellung eines Pfeilers Reparaturarbeiten notwendig.

Um die Staustufe des alten Eisenhammers Schellenneck, später Mühle und frühindustrielle Anlage (Foto rechts oben), zu umgehen, mußte ein Altmühlkanal mit Schleuse gebaut werden. Die Übersicht auf dem Foto rechts unten zeigt die Teilung der Altmühl in Fluß und Kanal. Links hinten Schelleneck, gegenüber der Kirchturm von Altessing.

oben: Das Dampfschiff Hermann-Martin tuckert im Umgehungskanal um 1910 in Richtung Kelheim.

oben: Hoher Besuch in Kelheim: Zum Kanaltag am 18. Juni 1916 erschien König Ludwig III. von Bayern.

rechts: Im Hafen von Kelheim liegt 1938 die Donauflottille vor Anker.

oben: Um die Beladungsfähigkeit der Schiffe festzustellen, mußte eine genaue Eichung mittels Meßlatte vorgenommen werden. Das Bild oben zeigt Kanalmeister Wilhelm Dietel (zweiter von links) 1928 bei der Eichung im Kelheimer Hafenbecken.

links: Schiffsunglück in Kelheim. An Pfingsten 1927 drohte ein leckgeschlagener Bagger im Hafen zu versinken.

Nach dem Zweiten Weltkrieg wurde der Ludwigskanal 1950 offiziell als Schiffahrtsweg stillgelegt. Aus der Zeit davor gibt es nur noch wenige Zeitzeugen. Sie erzählen von ihrem Leben am und für den Kanal:

Hans Weigel, Kapitän des Schlagrahmdampfers „Hansi“ läßt seinen damals 6jährigen Sohn ans Ruder des Ausflugsbootes (aufgenommen 1932). 50 Jahre später bleibt ihm nur die Erinnerung und sein selbstgebasteltes Modell der „Hansi“.

Der letzte Kanalwärter Hans Wolf aus Pfeifferhütte mußte bei Kriegsbeginn oft mehrere Schleusen bedienen (Aufnahme 1942 an Schleuse 46). Seinen wohlverdienten Ruhestand verbrachte Hans Wolf in seinem Gärtlein in der Nähe des Kanals (Aufnahme 1980).

Schleusenwärterstochter Maria Hutzler (geborene Falk) beherrschte bereits als 12jähriges Mädchen die Bedienung der Schleuse 46. Auf dem Familienfoto von 1919 ist sie als Kind ganz rechts zu erkennen. Heute lebt sie immer noch am Kanal in Röthenbach bei St. Wolfgang. Ihre Erinnerungen an Kindheit und Jugend erzählt sie ab der Seite 66.

Georg Pfaller, Jahrgang 1905, begann 1930 als Bauarbeiter am Kanal. Zu seinen Aufgaben gehörte die Renovierung von Schleusenkammern. Auf dem Foto ist er unten als zweiter von links zu sehen (Schleuse 14 bei Dietfurt im Jahre 1931). Seinen Lebensabend verbringt er zusammen mit seiner Frau Franziska in dem kleinen Ort Mühlhausen, der zwischen Neumarkt und Berching direkt am Kanal liegt. Über seine Arbeit am Kanal berichtet er ab Seite 70.

100 Schleusen und ein König

Kurt Endres

Der uralte Traum aller europäischen Herrscher: ein Wasserweg als Verbindung von Nordsee und Schwarzem Meer. Die Gründe für diesen Angriff auf die europäische Hauptwasserscheide zwischen Rhein und Donau waren nicht immer wirtschaftlicher Art. Wirtschafts- und Stammesräume sollten zusammenwachsen, politische Einheiten gefestigt werden, militärische und strategische Gesichtspunkte spielten eine Rolle, aber auch Prestigedenken der handelnden Personen. Es war und ist nicht immer einfach, die gerade dominierenden, für den Bau des jeweiligen Kanals maßgebenden Überlegungen auseinanderzuhalten.

In der Ortschaft Graben feiert man seit dem Frühjahr 1993 den zwölfhundertsten Jahrestag des „Fossa Carolina", des ersten nachgewiesenen Versuchs, eine Kerbe in die Wasserscheide zu schlagen. Und der Platz war gut gewählt: tektonische Spielchen in der Erdkruste sorgten schon seit geologischen Zeiträumen dafür, daß gerade zwischen Quellbereich der Schwäbischen Rezat und dem Tal der Altmühl vom vormaligen Urmain gerade mal ein Höhenunterschied von zehn Metern zu bewältigen wäre.

So läßt denn Karl der Große, der mächtige Herrscher des Frankenreiches bis zu fünftausend Arbeiter antreten, um mit primitiven Geräten den Graben zwischen den heutigen Ortschaften Treuchtlingen und Dietfurt auszuheben. Einfache Hacken und Schaufeln gegen einen immer wieder nachgebenden Untergrund, ein malariaverseuchter Sumpf, Planungsfehler und dazu die permanente Kriegsgefahr im Süden des Reiches: ein auf seine ganze Länge wassergefüllter Schiffahrtsweg kam nie zustande. Immerhin sind Wissenschaftler heute davon überzeugt, daß die restlichen noch fehlenden Höhenmeter von den flachen Nachen mit Rutschen bewältigt werden konnten, eine zur damaligen Zeit durchaus übliche Technik. Die Idee lebte fort, und so sehen die folgenden Jahrhunderte immer wieder Pläne für eine Vollendung der Rezat-Altmühl-Lösung. Es häufen sich zu Beginn des 19. Jahrhunderts die Vorschläge, z.T. mit sehr detaillierten Kostenaufstellungen und Trassenführungen. Mitunter wurden alle Tiefenlinien, welche die tektonischen Hebungen und Senkungen im Süddeutschen Schichtstufenland vorgezeichnet hatten, bemüht: natürlich die klassische Fossa-Lösung, aber auch eine Pegnitz-Variante über Hersbruck, Alfeld und Schmidmühlen wurde ernsthaft erwogen. Dann eine Trasse ausschließlich mit Flüssen: entlang des Nürnberger Landgrabens, Fischbach, Gauchsbach, Schwarzach und ab Neumarkt nach Süden zur Sulz.

Seit 1818 befaßte sich Freiherr von Pechmann in seiner Eigenschaft als königlicher Baurat mit dem Kanalprojekt. Die von ihm gewählte Streckenführung entspricht der später tatsächlich ausgeführten, blieb jedoch nicht unwidersprochen. Sowohl der Verlauf als auch Abmessungen und Einzelheiten der technischen Ausführung standen in der Kritik. Zudem zeichnete sich bereits die bedrohliche Konkurrenz der Eisenbahn ab. Aber nach Sicherstellung der Finanzierung durch eine neugegründete Aktiengesellschaft konnte 1836 endlich mit dem Bau des zu Ehren des Bayerischen Königs „Ludwig-Donau-Main-Kanal" genannten Bauwerks begonnen werden.

Nach zehn Jahren Bauzeit, in denen bis zu 9000 Arbeiter gleichzeitig beschäftigt waren, war der Kanal fertiggestellt und in seiner vollen Länge befahrbar. Herausgekommen ist dabei ein von Bamberg bis Kelheim 172 Kilomter langer, nur von wenigen Flußabschnitten unterbrochener Stillwasserkanal, der mittels genau 100 Schleusen über die Wasserscheide der fränkischen Voralb klettert. Nirgends wurde den Ingenieuren soviel an Sachverstand und Handwerkskunst abverlangt wie zwischen Nürnberg und Neumarkt. Deswegen sollen gerade aus diesem Abschnitt Probleme und Geschichten exemplarisch für die ganze Kanalstrecke dargestellt werden.

Wie mißt man den Erfolg eines Kanals? Sicherlich galt er als äußeres Zeichen des Zusammenwachsens, wenn im frisch gegründeten deutschen Nationalstaat durch das Besiegen der Wasserscheide ein stärkeres Bindeglied zwischen Süd- und Norddeutschland entstanden ist. Aber vom politisch-ideologischen abgesehen war der Erfolg des Kanals doch recht rasch erschöpft.

Schon bei Baubeginn schien es klar, daß die neuen eisernen Schienenwege, seit 1835 im bayerischen Raum enstanden und in der Folgezeit ständig ausgebaut, mit ihrem Netz und den vielfältigen Einsatzmöglichkeiten, sowie der überlegenen Schnelligkeit im Güter- und Personentransport dem Ludwigskanal keine Chance ließen. Und als in den sechziger Jahren des 19. Jahrhunderts das Eisenbahnnetz weitgehend vollständig war, reichten Liege- und Benutzungsgebühren des verbliebenen Schiffsgüterverkehrs bei weitem nicht mehr aus, um die Verluste, die durch die Unterhaltskosten entstanden waren, zu decken.

Schiffsschrauben wurden erst gegen Ende des Jahrhunderts benutzt, und die bis dahin gebräuchliche Kraft der Treidelpferde konnte mit der rasanten Entwicklung der PS-Stärken von Eisenrössern natürlich nicht Schritt halten. So blieb bis zum Ende des Zweiten Weltkriegs nur noch eine verblassende romantische Vorstellung einer Kanalfahrt mit einem der Ausflugsdampfer zu einer der zahlreichen Gaststätten am Rande des Kanals, eben mit einem „Schlagrahmdampfer". In der bisher erschienenen Kanal-Literatur kaum berücksichtigt ist ein weiterer Versuch, eine Großschiffahrtsstraße zwischen Main und Donau zu errichten, die sog. Mindorfer Linie. In der Nachfolge von Kaiser und König versuchten sich Adolf Hitler und seine Baumeister an der Aufgabe. Die Spuren, die der Kanalbau in der Landschaft hinterlassen hat, sind allerdings nur für den aufmerksamen Beobachter erkennbar.

So finden sich auf einer Linie zwischen Hilpoltstein, Hofstetten, Pyras, Mindorf bis Freystadt eine Fülle von mehr oder weniger auffälligen Baurelikten, die alles das beschreiben, was zu einem Kanalbau gehört: Reste eines großen Umladebahnhofs bei Hofstetten, Tansportwege für Loren und Abraumhalden im Wald, mächtige Steine für die Berandung eines künftigen Kanalbetts, jüngere Baumstreifen als Indikatoren früherer Rodungen, gewaltige Steinfundamente für einen Brückenschlag bei Pyras, ein vollständig gefluteter Probekanal bei Mindorf, auch das Wasser für die mögliche Scheitelhaltung war im Kauerlacher Weiher bereitgestellt.

Zeitzeugen des Kanalbaus der vierziger Jahre gibt es auch noch, naturgemäß Jahr für Jahr weniger, die sich an hektische Bautätigkeit, Zwangsarbeiter in Baracken, die Versorgung durch die Bauernhöfe der Umgebung erinnern können oder auch wollen.

Die Wasserautobahn der Rhein-Main-Donau AG ist ein Kind der siebziger Jahre, mit ersten Geburtswehen in den Zwanzigern, kontrovers diskutiert am Ende der sechziger Jahre und voll lebensfähig mit der Eröffnung 1992. Bereits zwanzig Jahre vorher hatte der Kanal von Norden her Nürnberg erreicht. Mit der Fertigstellung des Hafens in der Metropole des mittelfränkischen Wirtschaftszentrums wird gleichzeitig der einheitliche Konsens aller politischen und ökologischen Entscheidungsträger beendet und der lange währende Kampf der Interessengruppen zwischen wirtschaftlicher Notwendigkeit und zerstörerischem Landschaftsumbau beginnt.

Aber nicht nur aus der Ecke der Umweltschützer kommt Kritik: kaum fertiggestellt erscheint der neue Europakanal ernstzunehmenden Fachleuten schon als zu klein, da die künftigen Schubverbände im harmonisierten Europa zu lang seien und selbst die enormen Dimensionen von Kanal und Schleusen sprengen würden.

Angepaßte Technik

Verglichen mit dem Europakanal der Main-Donau AG erscheint der Ludwigskanal in seinen Abmessungen äußerst bescheiden. Zwar muß auch er von Meereshöhe 230 in Bamberg über die

Voralb (417 Meter gegen 406 des neuen Kanals) klettern, um dann auf 338 Metern bei Kelheim die Donau zu erreichen; auch seine Länge ist mit 172 Kilometern identisch. Doch für die Kletterpartie braucht der Ludwigskanal genau 100 Schleusen, während die Großschiffahrtsstraße mit elf Schleusen und drei Hebewerken auskommt.

Spätestens bei Betrachtung der Schleusen, der „Treppen für Schiffe", stocken alle Vergleiche. Mit der Länge von 32,5 Metern und 4,75 Metern Breite nimmt sich der Ludwigskanal gegenüber seinem Nachfolger wie eine Miniatur aus. Dafür erscheint er wie eingepaßt in die natürlichen Tiefenlinien, und seit seiner Stillegung holt sich die Natur von der Technik ein Stück zurück: eingewachsen mit altem Baumbestand, schilfbestandene Ufer, durch Schlick aufgehöhter Kanalgrund. Besonders reizvoll die Ensembles an den Schleusen: die standardisierten Klenze-Häuschen, von ihrem Erbauer genial einfach ausgeführt, mit kleinem Garten, Obstbäumen – Schmuckstücke in der fränkischen Landschaft. Oft mehrere dieser Schleusen hatte ein Schleusenwärter zu bedienen, und der Dienst wurde durch die Handarbeit mit der schwer gängigen Zahnstangenmechanik auch nicht leichter.

In rascher Folge staffeln sich die Schleusen hinter Nürnberg in südöstlicher Richtung, gilt es doch eine Höhendifferenz von knapp 100 Metern bis zur Scheitelhaltung zwischen Pfeifferhütte und Schwarzenbach zu erklimmen. Doch dann die Belohnung für den ausdauernden Radfahrer: um den Dillberg bis nach Neumarkt führt der Kanal bretteben über Dämme und Einschnitte hoch über dem Schwarzachtal, ein besonderes Freizeitvergnügen.

Hier, an der höchsten Stelle des Kanals, mußte auch eines der größten technischen Probleme für den Ludwigskanal gelöst werden, die Bereitstellung von ausreichend Betriebswasser für die Schleusen. Vom Dillberg kommend liefern einige Leitgräben (z.B. Ketten- und Gruberbach) ihr Wasser ab, bei Feucht ist es der Gauchsbach, der mit einer Ableitung das Kanalwasser ergänzte. Die Hauptzuleitung empfing der Kanal über die Schwarzach/Pilsach-Einleitung im Bereich des Hafens von Neumarkt. Doch war die chronische Wasserknappheit vor allem in Trockenjahren ein ständiges Ärgernis, mußte doch deswegen der nicht eben große Tiefgang noch mehr verringert werden, und das hieß auf noch mehr Fracht verzichten zu müssen.

Bei einer Wasserspiegelbreite von 15,80 Metern und einer Niedrigwassertiefe von mindestens 1,46 Metern konnte der Kanal zwar nur von schmalen Schiffen befahren werden, erlaubte ihnen jedoch einen vergleichsweise großen Tiefgang. Und es hätte vielleicht auch mit der Wirtschaftlichkeit des Kanals besser geklappt, hätten Main und Donau ebenfalls bei Niedrigwasser mindestens eineinhalb Meter Wasser unter dem Kiel gelassen. Dort aber betrug die mittlere Wassertiefe gerade einmal siebzig Zentimeter, dafür konnten beide Flüsse von flachen, dafür aber breiten Schiffen benutzt werden. Eine Vertiefung der Fahrrinne scheiterte an den damals zu hohen Kosten, und so war der Ludwigskanal hoffnungslos eingezwickt in ein unvereinbares Verkehrssystem.

Angesichts einer komplizierten Streckenführung war der Ludwigskanal eine Meisterleistung. Neben den hundert Kammerschleusen mit Hubhöhen zwischen einem halben und knapp vier Metern waren insgesamt 10 Brückkanäle und 125 Über- und Unterführungen notwendig. Gerade im Nahbereich Nürnbergs führte man die Bogenbrücken in schmuckem Sandstein aus, im Bereich der Scheitelhaltung, immerhin 24 Kilometer lang, und an der Südrampe wählte man Fachwerkkonstruktionen. Der Kanal wurde, wenn notwendig, auf bis zu 32 Meter hohe Dämme gelegt oder in bis zu zwanzig Meter tiefe Einschnitte gesteckt. Mit sechs Kanalhäfen, ausgestattet mit Drehkränen aus den Werkstätten des Nürnberger Mechanikers Wilhelm Späth, wurde der Güterverkehr für den Weitertransport über Land vermittelt. Gelegentliche Aufweitungen erlaubten Überhol- und Wendemanöver, boten die Möglichkeit, vor Anker zu gehen.

Bereits vor der eigentlichen Einweihung am 15. Juli 1846 passierten erste Fracht- und Passagierschiffe, natürlich fahnengeschmückt, die bis dahin fertigen Kanalabschnitte. Bis zur Jahrhundertwende zogen in der Regel Pferde die behäbigen Schiffe. Um ihren Hufen in dem oft schlammigen Boden Halt zu geben, wurden die beiden Uferwege mit groben Sandsteinquadern gepflastert, ein Graus für die Leichtlauffahrräder unserer Tage!

Die Schiffsschraube löste um die Jahrhundertwende die Treidelpferde und ihre Führer ab. Langsam zu fahren war das Gebot, schon der empfindlichen Böschungen wegen. Flachboote der Kriegmarine des Dritten Reiches waren die letzten Schiffe, die den Kanal auf ihrem Weg zwischen Wien und Wilhelmshaven passierten.

Ein Dorf erwacht

Wie die Siedlungen an den neuentstandenen Bahnlinien profitierten auch die Orte entlang des Ludwigskanals von den neuen Verdienstmöglichkeiten, insbesondere dann, wenn sie mit dem Bau des Wasserwegs selbst Arbeitsplätze hinzugewonnen haben. Ein Beispiel für diese Entwicklung liegt südlich Nürnbergs: Worzeldorf, einst ein Straßendorf, dessen wenige Höfe beiderseits einer der wichtigen Handelsstraßen von Franken nach Italien lagen.

Seit Jahrhunderten wurden im Reichswald zwischen dem „Steinbrüchlein" (den offiziellen Namen „Langenlohe" kennt kaum noch jemand) und Worzeldorf, heute ein Ortsteil Nürnbergs, Steine aus dem „Kornberg" gebrochen. Der „Wendelsteiner Quarzit" war weithin als Baustein gerühmt, noch im Mittelalter wurden von dort Mühlsteine auf der Donau bis in die Balkanländer exportiert. In Nürnberg finden sich Quader aus Worzeldorf in Grabsteinen des Rochus- und Johannisfriedhofs wieder, am Opernhaus und Gerichtsgebäude.

Der Kanalbau brachte nun den Steinbrüchen am Worzeldorfer Berg und Glasersberg neuen Aufschwung. Allerdings: die Schleuse bei Worzeldorf wurde nicht aus dem Material der Steinbrüche, sondern aus den Resten der Pillenreuther Klostermauern erbaut. So folgt man auch im Nürnberger Süden, wie nach der Säkularisation üblich, dem allgemeinen Brauch, Kirchen-, Burg- und Klosterruinen als bequemen Steinbruch zu benutzen.

Mit dem Ludwigskanal kehrte Leben in das verschlafene Nest Worzeldorf ein. Zunächst schuf die Vielzahl von Schleusen, die – wie oben erwähnt – für die Südrampe von Nürnberg über Wendelstein und Röthenbach/St.W. nach Pfeifferhütte nötig waren, massenhaft Arbeitplätze. Das verdiente Geld konnte dann auch umgehend wieder in den Schenken wie in der am „Steinbrüchlein" oder auch in Worzeldorf selbst ausgegeben werden.

Zwischen dem Stubensandstein (zum samstäglichen Blankscheuern der guten Stube) und dem darüberliegenden Burgsandstein ist mancherorts eine rote Lettenschicht eingelagert, die sich ausgezeichnet als Rohmaterial für das Brennen von Ziegeln eignet. Da nun mit dem Kanal ein kostengünstiger Weg für den Abtransport der mittlerweile als Baumaterial in Mode gekommenen Ziegel vorhanden war, ist das Entstehen einer florierenden Ziegelei in Worzeldorf nur eine logische Folge. Bereits der Erste Weltkrieg brachte den Betrieb zum Erliegen. Die Hofmannsbrüche des Worzeldorfer Bergs sind mittlerweile fast alle geschlossen. Wirtschaftliche Überlegungen, aber auch das Nachdenken über eine naturgerechte Umwelt legten wohl diesen Schritt nahe.

Der wirtschaftliche Aufschwung Worzeldorfs schlägt sich auch in seinen Einwohnerzahlen nieder. Waren es um 1800 gerade einmal hundert Einwohner, so stieg deren Zahl über dreihundert im Jahr 1872. Mit der erstarkenden Metropole Nürnberg sank zwar nach Wegzug die Einwohnerzahl auf etwa die Hälfte, doch der Siedlungsbau seit 1930 brachte neuen, stetigen Aufschwung. Seit 1972 zu Nürnberg gehörend umfaßt Worzeldorf am Ende des 20. Jahrhunderts knapp 1100 Einwohner und die Planungen der Stadtväter lassen aufgrund neuer Siedlungsvorhaben einen weiteren gewaltigen Zuzug erahnen.

Den Schleusenwärtern oblag nicht nur die Aufrechterhaltung der Schiffahrt, sie mußten sich auch um die Pflege der Obst-, meist Apfelbäume kümmern. Zwischen den Schleusen 64 und 68 wird man heute kaum noch Kanaläpfel finden; die schnellwüchsigen Pappeln und anspruchslosen Kiefern haben sich an den Kanalufern längst breitgemacht.

Am Brückkanal

Die Gegensätze könnten gewaltiger nicht sein: dort die lärmende Fröhlichkeit, wie sie eben Tausende von durstigen Radlern erzeugen, die möglichst alle auf einmal mit Bratwürsten und Getränken Hunger und Durst stillen müssen … und hier in einem hohen und filigranen Gewölbe ein Ort der Stille, einer Stille, die höchstens durch das Geräusch eines fallenden Wassertropfens eher verstärkt denn gestört wird.

Der Eindringling steht in einer unterirdischen Halle. Die Wände, nach oben zu Spitzbögen verjüngt, aus massivem Sandstein und grob verputzt tragen die Spuren von durchgesickertem Schlamm, Krusten aus weißen Kalksintern. Ausladende Treppenstufen führen aus einem Gang hinab in den von wenigen Lampen nur spärlich beleuchteten Hauptraum. Fehlen noch Orgel und Altar und wir könnten uns in einer gotischen Kapelle wähnen …

Kaum wird einer der gestreßten Autofahrer an der Raststätte Feucht an der A 9 ahnen, daß nur wenige Meter entfernt eines der bedeutendsten Denkmäler der Technik in Bayern zu finden ist: das Gewölbe der Halle trägt mit ihrer Längsachse über dem Spitzbogendach den Ludwigskanal und hilft ihm über die Schwarzach hinweg. Insgesamt 90 Meter lang ist die Überquerung der Schwarzach, eine dreiteilige Konstruktion, bestehend aus einem in den Sandstein getriebenen kleineren Hohlraum auf der Nordseite, dem eigentlichen Bogenabschnitt über den Fluß mit dreizehn Metern Höhe und vierzehn Metern Breite, und schließlich die Spitzbogenhalle von zwanzig Metern Länge und einer lichten Höhe von zwölf Metern.

Im allgemeinen ist es den vielen tausend Passanten, die hier mit Rad oder zu Fuß den Brückkanal besuchen, verwehrt, in das Innere der Brücken-Konstruktion zu gelangen. Schon der Zugang zum in den Sandstein gehauenen Gang zur kleineren, der Wirtschaft zugewandten Höhle auf der Nordseite ist nicht ohne weiteres zu entdecken. Man muß schon sehr genau hinsehen, um die eisernen Tore an den im massiven Sandstein verankerten Brückenpfeilern zu entdecken. Zu spektakulär ragt der Rundbogen über die Sohle der Schwarzach hinaus und nimmt den Blick des Besuchers gefangen. Anders der nach Westen gewandte Eingang zur Spitzbogenhalle, der schon bei Alexander Marx in einem Stahlstich dargestellt wird.

Ursprünglich waren die beiden Hohlräume zu beiden Seiten der Brücke unter den Wassermassen des Kanals gar nicht vorgesehen, und tatsächlich wurde der Übergang 1839/40 gemäß den Plänen des Kanalbauers Freiherrn von Pechmann ohne die beiden Gewölbe ausgeführt. Doch genau das führte zur Katastrophe: 1843 zeugten Risse von dem auseinandergetriebenen Fundament und Unterspülungen der Aufschüttungen beiderseits der Brückenfundamente bedrohten das Bauwerk. Auch eine sofortige Reparatur brachte keine Besserung, so daß 1844 die unfachmännische Brückenkonstruktion abgebrochen werden mußte. Im gleichen Jahr wurde das Bauwerk, jetzt auf einer verbesserten Pfahlkonstruktion und mit den eingezogenen Hohlräumen neu errichtet. Nicht nur diese Pleite verdoppelte die Baukosten des Kanals auf 17 Millionen Gulden, so daß möglicherweise mit dem Einsturz des Brückkanals auch Freiherr von Pechmann strauchelte und bald darauf von seinen Aufgaben entbunden wurde.

Das Bauwerk, nach Alexander Marx und Friedrich Schultheis der „Glanzpunkt aller Kunstbauten des Luwigskanals“, steht nun schon seit eineinhalb Jahrhunderten ohne bedeutsame Korrekturen oder Reparaturen. Freilich wurden schon einmal die Teile der gesamten Konstruktion neu abgedichtet und das Äußere vom Bewuchs befreit. Um die ohne besondere Dichtungen errichteten Fugen zu schützen, wird in jedem Winter im Kanalbett Eis gebrochen, um den Druck von den Brückenwänden zu nehmen. Im übrigen war das Ganze italienische Wertarbeit, ausgeführt von Steinmetzen aus Norditalien, deren Handwerkskunst ja schon seit Jahrhunderten gerade im süddeutschen Raum einen hervorragenden Ruf genoß. Gerade mal das Rohmaterial, die Sandsteinblöcke wurden aus den nahen Steinbrüchen angeliefert. Als Fugenmaterial dient ein Gemenge aus Sandsteinmehl und Kalk.

Wahrhaftig für die damalige Zeit eine technische Meisterleistung, deren Erfolg Mut machte zu weiteren derartigen Brückenbauten entlang des Kanals, beispielsweise nur wenige Meter weiter Richtung Röthenbach/St.W., wo der „kleinere Bruder“ des Brückkanals nahe dem Kugelhammer über den Gauchsbach führt.

Die Kaserne am Dörlbacher Einschnitt

Im Dörlbacher Einschnitt zwischen Schwarzenbruck und Rasch nimmt der Kanal gewissermaßen den Kopf zwischen die eingezogenen Schultern und bricht durch das anstehende Gestein. Der Aushub landete auf den nördlich angrenzenden Ackerflächen, jenseits der bewaldeten Böschung, die heutzutage vom Wasserwirtschaftsamt gepflegt, auch gelegentlich abgeholzt wird, um Rutschungen zu vermeiden. Gleich hinter Pfeifferhütte hat der Kanal seine Maximalhöhe erreicht und folgt auf gleichbleibendem Niveau auf etwa 417 Metern über dem Meeresspiegel den Höhenlinien. Sein gezackter Verlauf wird ihm von den Ausläufern des Dillbergs vorgegeben: abwechslungsreiche und technisch anspruchsvolle Passagen gestalteten die Kanal-Ingenieure entweder mit Dämmen oder mit Durchbrüchen.
Ohne die Kanalarbeiter unterschiedlicher Nationalitäten wären die technischen Herausforderungen nicht zu meistern gewesen. Untergebracht waren sie in einer Kaserne, einem heutigen Gehöft am Rande des Kanals, wenige Meter abseits der Straße nach Rasch. Die ortsansässige Bevölkerung war ganz und gar nicht begeistert von der Anwesenheit von mehreren Hundert Arbeitern, die in Haufen über die benachbarten Wirtschaften herfielen, und so manches böses Wort vom Verfall der Sitten machte die Runde.

Die noch zur Gemeinde Grub gehörende Kaserne gelangte um die Jahrhundertwende an die Familie Kurz und wird seither als landwirtschaftliches Anwesen geführt. Viel gab der Hof nicht her: der Acker längs des Kanals, etwas Hopfen und ein paar Kühe. Für die Kinder aber bedeutete die Nähe zum Kanal etwas ganz Besonderes. Hier konnte man früher noch schwimmen, tauchen, Flöße bauen, sie waren „Kinder des Kanals“, mit Erfahrungen aufgewachsen, wie sie von vielen Kindern entlang der ganzen Kanalstrecke geteilt wurden.

Bei Marx und Schultheis ist recht anschaulich beschrieben, wie schwierig die technische Ausführung des Einschnitts war, aber auch wie clever die Aufgabe von dem erfahrenen Mechanicus Wilhelm Späth aus Nürnberg gelöst wurde, demselben Späth, der am Dutzendteich die gleichnamige Maschinenfabrik gegründet hatte, einem Pionier der Dampfkraft in Franken, der sich seit 1838 unter anderem auch an der Konstruktion von Schleusen beteiligte.

Der Teil, welcher durch hartes Kalkgestein gegraben werden mußte, wurde mit großen Mengen Pulvers freigesprengt. Für den weicheren, westlichen Abschnitt ersann Späth eine Art Bagger, getrieben von einer Dampfmaschine, der stückweise vorgerückt wurde und das ausgegrabene Kanalbett hinter sich zurückließ.

Der Distellochdamm

Der Schrecken des Dammbruchs des neuen Europakanals im Jahr 1979, als in Katzwang ein Todesopfer und Schäden in Millionenhöhe zu beklagen waren, hat das Vertrauen der Anrainer in die Haltbarkeit von Dämmen nachhaltig beschädigt. Zu wach ist die Erinnerung, als binnen weniger Minuten die braune Flut durch den Ort raste und eine Spur der Verwüstung hinter sich ließ.

Dämme waren auch beim Bau des Ludwigskanals ein Thema, und zwar überall dort, wo Täler und Schluchten zu breit für eine Brückenkonstruktion erschienen, Gruber- und Kettenbachtal sowie der Distellochdamm seien hier als Beispiele angeführt. Und Rutschungen, auch Dammbrüche blieben in der Bauphase nicht aus, so beim Gauchsbach-Brückkanal 1844 und bei Bamberg 1845.

Jedoch hatten diese Ereignisse nicht die schwerwiegenden Folgen, nicht das Ausmaß der gewaltigen Schäden, wie sie durch die völlig andere Dimension des neuen Main-Donau-Kanals verursacht wurden.

Der Distellochdamm vermittelt die Querung der Distelbach-Schlucht, auch Distelloch genannt. Der aufgeführte Damm stellt in der Reihe von notwendig gewordenen Dämmen im Bereich der Scheitelhaltung wohl das großartigste Bauwerk dar: mußte doch westlich von Rübleinshof eine Höhendifferenz von knapp dreißig Metern auf eine Entfernung von mehr als dreihundert Metern überwunden werden, für den Bau eines Brückkanals ein viel zu hohes Risiko.

Wie war nun die Ausführung eines derartigen Bauwerks wie des Distellochdamms zu bewerkstelligen? Steinquader, aus den Keuperbrüchen Nürnbergs herangeschafft, hätten eine ausreichende Festigkeit garantiert, waren aber viel zu teuer und aufwendig. Also mußte der Damm mit dem vor Ort verfügbaren Material, tonhaltigen Letten und Erden, erstellt werden.

Sicherlich durften die Planer davon ausgehen, daß sich die Festigkeit eines Dammes im Laufe der Zeit selbst verstärken würde, doch in der Anfangszeit boten zahlreiche Rutschungen, übrigens genauso wie bei den Einschnitten nahe Dörlbach und Ölsbach, Anlaß zur Besorgnis. Immerhin waren für den Bau Zeitvorgaben einzuhalten, und das bedeutete, sich beim Bau keinerlei Verzögerungen, auch nicht durch die ungünstige Witterung verschiedener Jahreszeiten einhandeln zu dürfen. So gelangt natürlich gefrorenes, auch durch Feuchtigkeit gequollenes Material in die Dammfüllung, macht die Substanz schmierig und gleitfähig, und löst dadurch die oberflächlichen Rutschungen aus.

Der Böschungsabtrag führte allerdings nicht zu einer nachhaltigen Beeinträchtigung der Schifffahrt, die eigentliche Gefahr für einen Dammbruch lag woanders. Der eingangs erwähnte Dammbruch des Europakanals bei Katzwang wird unter anderem auf Erschütterungen im Dammkörper zurückgeführt, ausgelöst durch eine Fernwasserleitung, welche an dieser Stelle den Kanal unterquert.

Am Distellochdamm lag die Variation des Problems in der sicheren Unterführung des von Ezelsdorf kommenden Distelbachs, ohne daß selbst zu Zeiten von Hochwasser der Dammkörper angegriffen wurde. Diesen Durchfluß vermittelt ein Durchlaß, stabil gemauert, mit großer Sorgfalt ausgeführt, insbesondere auf der westlichen Talseite mit massiven Wasserrinnen und Steinquadern zu einem beachtlichen Bauwerk ausgeführt. Denn gerade auf der talwärts gewandten Seite des Damms bestand die Gefahr, durch rückschreitende Erosion Dammaterial nachstürzen und die Füllung untergraben zu lassen. Steinmetzzeichen an den Dammsockeln künden zu Recht vom Stolz der Bauleute. Schon bei Röthenbach/St. Wolfgang klagten die Anrainer über Sickerwasser aus dem Kanal in ihren Kellern. Optimale Dichtigkeit konnte das zum Dammbau verwendete Material nicht garantieren, und so zeigen sich an Decken und Wänden der Sickerschächte des Distellochdammes Spuren von Versinterungen, bilden sich bunte Reliefs und Miniaturtropfsteine, schön fürs Auge, einige Kummerfalten mehr für die Ingenieure.

Nicht mehr zu finden, weil frühzeitig einem unbefugten Zugriff entzogen, ist eine Steinbüste, ein Kopf aus Sandstein, geborgen aus einer der vielen Nischen in den Stollen. Entsprechend den Bedingungen seiner Umgebung leicht verwittert, ist es nicht mehr deutlich, wen diese Skulptur darstellen sollte. Die Vermutungen reichen von lokalen Bürgermeistern der damaligen Zeit über Freiherrn von Pechmann bis zu König Ludwig I. selbst, vielleicht aber doch ein italienischer Steinmetz.

Von all diesen unterirdischen Mysterien ahnt der Spaziergänger auf dem Distelloch natürlich nichts. Im Frühjahr und im Sommer fesseln ihn die Pracht des obstbestandenen Hangs, die weidenden Schafe, die wenigen hangparallel gestutzten Fichten; im Winter die rasante Rodelstrecke, die zugegebenermaßen etwas abrupt im aufgeforsteten Niederwald endet. Und auch Bänke stehen da, um Liebespaaren unter blühenden Apfelbäumen mit dem Blick in ein herrliches Abendrot die Möglichkeit zu geben, ihr Klischee zu erfüllen.

Bedrohte Idylle

Schon während der Bauzeit des Ludwigskanals begleiteten Rückschläge in Form von Einstürzen und Nachbrüchen die für sich bereits schwierige Ausführung. Neben der erheblichen Verteuerung des Projekts – bis zum Ende der Bauzeit hatten sich die ursprünglich auf rund neun Millionen Goldmark veranschlagten Kosten verdoppelt – verzögerten beispielsweise der Wiederaufbau des Bruckkanals oder auch Rutschungen an Dämmen und Steilhängen die Fertigstellung des Bauwerks.

Mit seinem wirtschaftlichen Niedergang wurde auch die Pflege des Ludwigskanals zunehmend vernachlässigt. Gänzlich unpassierbar jedoch wurde die Wasserstraße erst, als im Zweiten Weltkrieg die Bomber der Alliierten die stark industrialisierte Südstadt Nürnbergs ins Visier nahmen. Die Fotos der Aufklärer zeigen an den klaren Tagen nach den Bombennächten in erschreckender Deutlichkeit das Ausmaß der Zerstörung. Insbesondere im Bereich der Rampen, einem Schnittpunkt von Straßen, Eisenbahn und Kanal wurde die Wasserstraße schwer getroffen.

Leergelaufen und seiner ursprünglichen Funktion beraubt verfiel der Kanal in den folgenden Jahren vollends. Zwischen den Büschen und Wildkräutern hatten gerade einmal spielende Kinder ihren

Spaß an der Ruine, bis dann in den sechziger Jahren die neuen regionalen Verkehrsleitpläne auch die letzten Spuren des Kanals tilgten. Heute fahren dort statt der Schiffe Tausende von Autos täglich über den Frankenschnellweg.

Immer wieder fressen die modernen Straßen ein Stück Ludwigskanal auf und bedrohen seine Existenz als ein Gesamtkunstwerk. Zwischen Wendelstein und Röthenbach/St. Wolfgang sollte der Kanal gar in einzelne Fragmente zerstückelt werden. Beim alten Bahnhof in Wendelstein mußte der Kanal bereits der Straße weichen, aber ein ähnliches Schicksal blieb ihm wenige Meter weiter östlich erspart: erst mit Nachdruck konnten die politischen Entscheidungsträger von der Notwendigkeit einer Erhaltung des Kanals überzeugt werden. So gelang es dem Landschaftsarchitekten Grebe aus Nürnberg, den geplanten Durchstich des Kanals zugunsten einer Schnellstraße nach Sperberslohe in eine Untertunnelung zu verwandeln. Autofahrer und Kanalgogerer sind heute gleichermaßen froh und erleichtert, daß damals, anfangs der siebziger Jahre, eine derartige Kompromißformel gefunden wurde.

Mittlerweile hat sich das Bild des Ludwigskanals so in den Herzen der Bürger eingraviert, daß eine weitere unmittelbare Zerstörung des Bauwerks in der Öffentlichkeit nicht mehr durchsetzbar sein wird. Dennoch wird die Idylle immer noch bedroht durch Baumaßnahmen in der Nähe der Kanalufer, welche den Charakter einer kompakten Kulturlandschaft, einer der wenigen, die uns in Bayern noch geblieben sind, entstellen würden. Wie so etwas real aussehen könnte, haben uns die Macher des Europakanals ja schon vor Augen geführt, indem sie im Ottmaringer und Altmühltal nicht nur den Ludwigskanal auf einen Torso reduzierten, sondern auch die Täler gleich mit umbauten, durch die Abmessungen der Wasserstraße in zwei Teile spalteten und andere ökologische Rahmenbedingungen schufen.

Ein Kanal für alle

Der Kanal gehört nicht mehr den Schiffen, er gehört – zugegebenermaßen zumindest teilweise – den Autos, er gehört aber auch den Karpfen und er gehört vor allem den Menschen. Rund ums Jahr fasziniert der Kanal seine Besucher immer wieder aufs neue.

Um das Jahr 1850, der Blütezeit des Ludwigskanals, wurden noch knapp 200.000 Tonnen Fracht pro Jahr umgeschlagen. Die Zahlen gingen danach stetig abwärts und erreichten vor dem Ersten Weltkrieg gute 50.000 Tonnen.

Bis zum Dritten Reich blieb aber immer noch eine beachtliche Personenschiffahrt übrig, über welche ein lokaler Ausflugsverkehr betrieben wurde. Für wenige Pfennige konnte man mit dem fahnengeschmückten „Schlagrahmdampfer“ den Gasthof Weigel in Kronach bei Fürth erreichen, ein durchaus auch für breitere Schichten erschwingliches Vergnügen. Erst die Nationalsozialisten erklärten die Personenschiffahrt auf dem Ludwigskanal zu einem unerwünschten Luxus und stellten die Dampferfahrten ein.

Welchen Nutzen konnte die Bevölkerung dann noch aus dem Kanal ziehen? Auf jeden Fall war der Kanal eine sehr lange Badewanne, eine kostenlose Schwimmgelegenheit für jedermann. Mit Einführung und Ausbau der lokalen Kläranlagen entlang des Ludwigskanals hat sich auch die Wasserqualität deutlich verbessert. Die Mitglieder der Anglervereine konnten schon so manche fette Beute an Land ziehen. Dennoch weist der Stillwasserkanal mit seiner kaum vorhandenen Selbstreinigungskraft immer wieder nach, daß sein Ökosystem äußerst empfindlich ist: schon kleine Unregelmäßigkeiten im Zufluß können einen katastrophalen Sauerstoffmangel und daraus resultierend ein massives Fischsterben auslösen.

Tausende von Obstbäumen waren entlang des Ludwigskanals gepflanzt worden. Aber ihre süße Last war nicht für jedermann gedacht: Jahr für Jahr wurden und werden die Bäume versteigert. Doch eine besondere Rendite wirft die Ernte heute kaum noch ab. Die wohlschmeckenden „Kanaläpfel“ landen nicht selten im Wasser. Der Publikumsgeschmack hat sich von den unregelmäßig geformten, auch schon mal mit einem Wurmloch verzierten Früchten abgewandt.

Da der Kanal von der Freizeitgesellschaft so stark angenommen worden ist, muß für den Erhalt seiner Substanz besonders viel getan werden. Dazu gehört das Fällen der übermächtig gewordenen Bäume, deren Wurzelwerk die Böschungen bedrohen, und deren morsch gewordenen Äste für die Radfahrer und Spaziergänger gefährlich werden können. Aber auch die Wasserfläche muß immer wieder von übermäßigem Bewuchs befreit werden. Der Einsatz von speziellen Schwimmbaggern stellt für die zuständigen Wasserwirtschaftsämter einen erheblichen Kostenfaktor dar.

Ansonsten gehört in der kalten Jahreszeit der Kanal ganz der Jugend und den jung gebliebenen Senioren. Ein buntes Völkchen tummelt sich auf der Eisfläche, die, vom hohen Baumbestand beschattet, oft bis in den April hinein ausreichend tragfähig ist. Die Eltern ziehen ihre Sprößlinge auf Schlitten durch den Lärm und müssen nur aufpassen, daß sie nicht von Schlittschuhläufern oder Eishockeyspielern über den Haufen gerannt werden. Zudem gilt es auf die gepflegten Eisbahnen der Eisstockschützen zu achten, die zwischen den wärmenden Schnapsrunden mehr oder weniger treffsicher nach der hölzernen Daube werfen.

Und so schimpft einer der Wendelsteiner Schützen, als sein Kumpel den Holzklotz wieder einmal viel zu stark getroffen hat: „Du schießt des Ding ja noch ganz bis nunter nach ...“, und jetzt muß er doch etwas überlegen,“… nach Kelheim!“ Oh ja, sie kennen ihn schon, ihren Kanal, die alten Kanalgogerer …

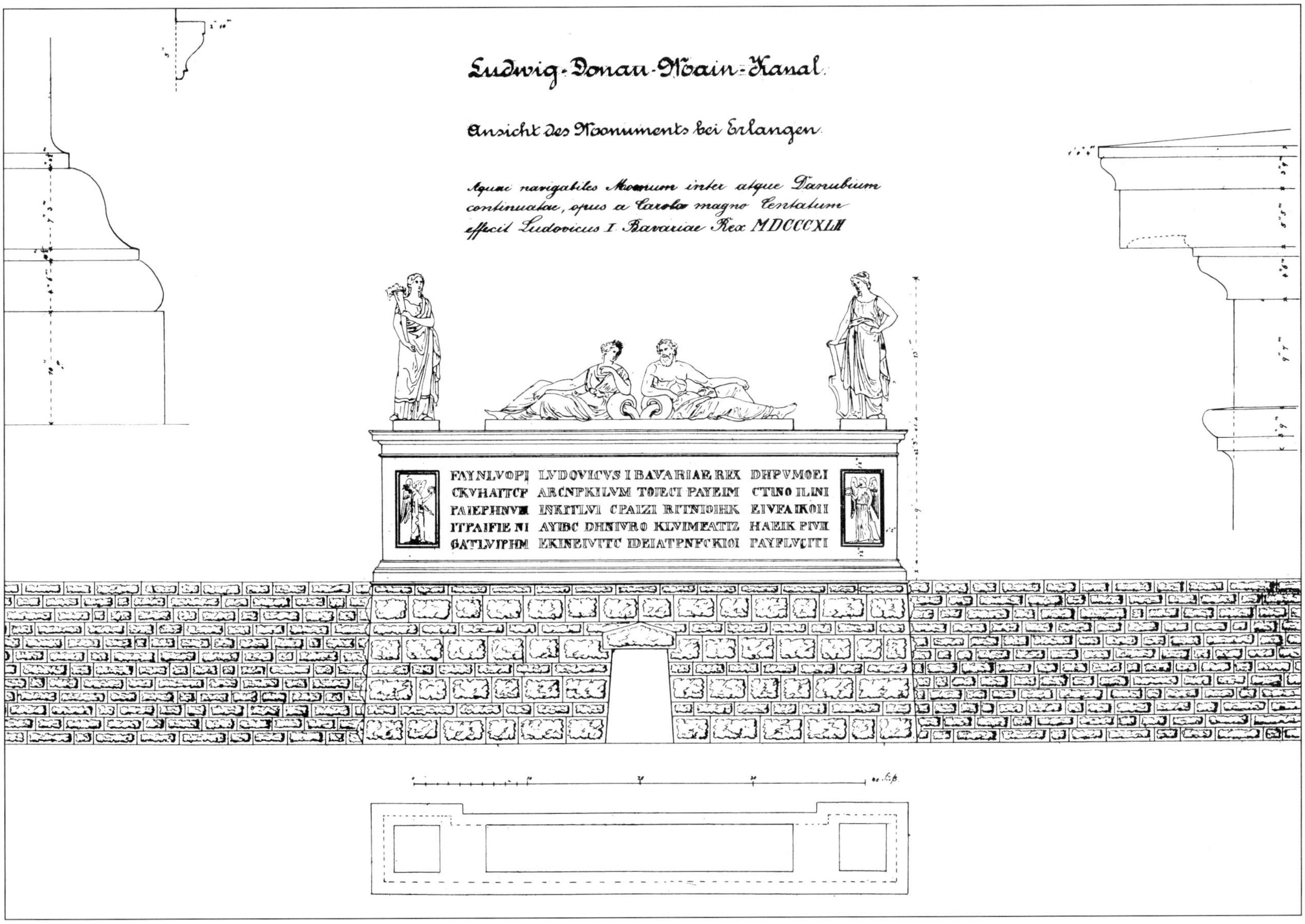

Der Kanal, das war mein Leben

Jürgen Franzke

Maria Hutzler wurde 1914 in Unterferrieden geboren, ihr Vater war Kanalmeister. In ihrer Kindheit und Jugend lebte sie mit ihren Eltern und Geschwistern im Kanalwärterhaus an Schleuse 46 bei Lindelburg, an einem Abschnitt des Kanals, der an dieser Strecke, zwischen Rübleinshof und Schwarzenbruck, das dichteste Schleusennetz, nämlich 27 von 100 Schleusen, aufwies. Sie erzählt aus ihrer Kindheit und Jugend.

„Wir ham im Kanalhaus Schleuse 46 gwohnt, des lag auf der linken Seiten, also anders als die meisten Kanalhäuser, die ja rechts lagen. Es stand auch nicht direkt am Kanal, sondern etwas abseits, auf einem kleinen Hügel. Mir ham weder Strom noch Wasser ghabt, mir ham mit der Petroleumlampen Licht gmacht, im Wohnzimmer is a so a schöner, großer Petroleumleuchter ghängt, und a Stallatern und an Handleuchter ham mer ghabt. Mir ham ja an Stall ghabt mit drei Ziegen.

Des Trink- und Kochwasser ham mer von am Brunnen ghabt, der unterhalb der Schleuse lag, da ham mir Sommer wie Winter Wasser ghabt, der is nie versiegt und nie eingfrorn. Der Vater hat immer zwa große Eimer voll gholt. Alles andere Wasser ham mir vom Kanal gnommen: waschen, putzen, Vieh tränken, Garten gießen, des war alles Kanalwasser. Des Kanalwasser war wunderbar weich und sauber. Damals wars noch sauber, weil durch die Schiffe, durch des Schleusen, hat sich das Wasser immer bewegt, des war noch ka so a stehendes Wasser wie heut.

Damals sind ja praktisch noch keine Motorschiffe gfahrn, da is höchstens amal ans komma im Jahr. Es gab nur Treidelschiffe. Da gabs die Schiffsreiter, die sind mit ihrm Pferd glaufen, da war einer auf dem Schiff, der immer wieder an der Schleuse das Zugseil ausgspannt hat und rausgschmissen, dann wurde durchgeschleust, dann hat er das Seil wieder einghängt und es ging weiter. Ein dritter hat das Schiff gesteuert. Zwei ham auch auf dem Schiff geschlafen, der Schiffsreiter is bei seim Pferd blieben. Zum Füttern hat er die Eimer vom Schiff gholt, den Hafer fürs Pferd hat des Schiff dabeighabt, des Wasser hams ausn Kanal gnommen.

Wir ham damals vier Äckerle ghabt, und da ham mir unsere Kartoffeln anbaut, amal aweng Gurken oder Kraut und sowas. Des war Selbstversorgung, des ham mir auch braucht, weil der Vater hat net so viel verdient damals. Des warn zwar Beamte, aber so kleine, a gscheiter Arbeiter hat mehr verdient, damals. A Hund war immer da, und a Katz. Drei Ziegen und Hühner ham mer ghabt, auch zwei Schweine. Des ham mer braucht, sonst wärn wir schon a bißla arm gwesen, vom Vater sein Verdienst alleins, des hat net glangt.

Mei Vater war zuerst Kanalwärter, dann Aufseher, dann Oberaufseher und dann Meister. Der hat scho glernt am Kanal, beim Kanalmeister Röder war er zur Ausbildung, nachdem er die Schreinerlehre gmacht hat. Die ham nur Handwerker gnommen am Kanal. Mei Vater hat scho gwußt, daß er zum Kanal geht, weil mei Großvater war auch a Kanaler. … Und wie dann der Großvater gstorbn is, da is der Vater grad so ausn Krieg komma, 1918, und aufn Posten vom Großvater is er dann draufkomma. Drum warn mir da drobn in Lindelburg, auf Schleuse 46. Des war a dreiviertel Stund von Lindelburg weg, wo ‚Fuchs und Has sich Gut Nacht‘ sagn, da ham mir gwohnt.

Ich erinnere mich an sehr harte Winter in meiner Kindheit, aber mir hams überlebt! Der Schulweg von mir nach Lindelburg, des war lang, des hab ich zu Fuß gmacht, und ich war manchmal eingschneit bis zum Bauch. Dann hat der Vater sein Kanalbahnschlitten gnomma und is vor mir herganga und ich bin hinterher getrabt mit meim

Bücherranzen. Der Vater hat den Schlitten zogn. Am Kanal mußte er das jeden Tag machen, wenns gschneit ghabt hat, um die Wege von seim Bezirk frei zu machen.

Ich hab zwei Gschwister ghabt, a Schwester und an Bruder, und ich war die älteste. Die hab ich dann a noch in die Schul mitgnomma, ich war in der Fünften und die sin in die Erste komma. Eine Schule für alle Kinder, von der ersten bis zur siebten Klasse, alle in einem Klassenzimmer, gleichzeitig, und ein Lehrer für alle! Des warn ungefähr 20, 25 Kinder. Und des hat funktioniert, wir sind net dümmer aus der Schul komma wie die heut, wo jeder Jahrgang eine Klasse hat.

Des Schönste in meiner Kindheit warn die Sommer am Kanal. Die warn wunderschön, des war die schönste Zeit von meim Leben. Wir sind in den Wald gangen und ham Beern gholt, Schwarzbeern und Preiselbeern und wie ich die ersten Gelberli gsehn hab, hab ich zur Mutter gsagt: ‚Mutter, gib mir a Körbla, ich hab Gelberli gsehn.' Da hat mer mich net schicken müssen, so begeistert war ich von dem Pilzsuchen. Dann bin ich losganga, allein, gfürcht hab ich mich net, allein im Wald, da hab ich gar kan Gedanken dran ghabt.

Und dann ham wir einen großen Kirschbaum direkt am Haus ghabt, die ganze Verwandtschaft von Unterferrieden, wo mei Mutter hergstammt hat, is komma und hat Kirschen gholt, was braucht ham. Körbvoll ham wirs runter, so groß war der Baum, die ham glangt für alle, und a Schaukel war an dem Baum.

Es gab auch Apfelbäum, und Weichseln gabs, und Birnen gabs, und der Vater hat die Bäum alle gepflegt. In Richtung Neumarkt, wo größere Bäum gstanden warn, is die Ernte versteigert wordn, des hat auch der Vater gmacht. Damals ham die Leut noch Kanalobst gwollt, da warns noch net so anspruchsvoll wie heut. Viele ham da gesteigert, weils doch viel günstiger war, als des Obst auf dem Markt zu kaufen.

Wir ham auch guten Kontakt zu den Schiffern ghabt, die hat man eigentlich alle gekannt. Die ham ja oft amal in Röthenbach übernachtet, weils a gutes Quartier war beim Brunner. Transportiert wurde ja hauptsächlich Holz, Langholz, des wird vom Bayerischen Wald komma sein, und die warn voll beladen, die Schiffe, ham an großen Tiefgang ghabt. Ja, und des Schleusen ham wir automatisch glernt, des ham wir praktisch von selbst gmacht.

Der Vater hat mit einem Schiff ja mitgehn müssen, von Schleuse 46 auf 45, bis nauf auf 43, wo der nächste Kanalwärter war. Und wenn der Schiffer gsagt hat: ‚Da kommt gleich einer nach', dann hat die Mutter schleusen müssen, oder wir Kinder. Ich hab des mit 12 Jahr scho gmacht, das war a Klacks: die Schleuse war leer, die unteren Tore warn offen. Des Schiff, des grad kam, ist eingfahrn, dann sind die Tore hinter dem Schiff geschlossen worden. Jetzt ist man zur Schütze vorgangen und hat aufdreht, dann is des Wasser von oben rein glaufen und hat des Schiff ghoben. Wenn Gleichstand war, hat man die Tore vorne aufgmacht, dann hat des Schiff rausfahrn können. Runterwärts wars genauso: da hat man die Schleuse erst füllen müssen, denn die Schleuse war eigentlich immer leer, man hat keine gefüllten Schleusen glassen, des wär viel zu gefährlich gwesen. Wenn also ein Schiff von oben kam aus Richtung Neumarkt, dann hat der Schiffer beim Kugelhammer droben ins Horn blasen, hat Signal gebn, dann is man grannt, hat die unteren Tore zugmacht, hat oben aufdreht, bei Gleichstand die Tore auf und des Schiff konnt reinfahrn. Tore zu und untere Schützen auf, daß des Wasser ablaufen konnte, das Schiff hat sich gesenkt, bei Wassergleichstand konnte man die unteren Tore dann aufmachen. Wenn des a schweres Schiff war, dann hat man zum Auslaufen die obere Schütz a Stück aufdreht, damit Wasser nachglaufen ist und des Schiff in Bewegung kommen ist, weil des Pferd hat des nicht vom Stand wegziehen können, dazu wars zu schwer. Ja, und des habn wir alles gwußt, der Vater hat uns des net glernt, des ham wir einfach so mitkriegt."

Maria Hutzler lebt heute, 82jährig, immer noch am Kanal, und zwar in Röthenbach im Kanalhaus an der Schleuse 63. Ihr Vater hat 1926 den Posten in Röthenbach übernommen, damit die Kinder von da aus zur Schule nach Nürnberg und zur Berufsausbildung gehen konnten. 1958 hat die

Lfd. Nr.	Der Durchschleusung: Monat	Tag	Vormittag	Nachmittag	Richtung	Des Schiffers: Namen	Wohnort	Des Schiffes: Nr.	Namen	Ladungsgewicht 100kg
416	August 1921	5	4½	—	auf	Maijer Laiblin	Wiesbaden	1451	Schwaben 4	leer
417		"	10½	—	ab	Derselbe	" "	1447	" " I	56400
418		5.		4	auf	Josef Barth	Neukelheim	1454	Ihlerstein	leer
419		6	5^{35}	5^{35}	ab	Vorwinkel	Mainz	1460		52800
420		"	6	—	ab	Demerag	Nürnberg	1431	Kohl. III	51300
421		"	9^{15}		ab	Tischler	" "	1463	Venus	58600
422		7.	10^{45}		ab	Tischler	Nürnberg	1444	Anna	15000
423		8.	9	—	ab	Maijer Laiblin	Wiesbaden	1453	Schw. 5	59200
424		8	9^{15}	—	ab	Derselbe	"	1457	Schw. 6	65000
425		9	8		auf	Demerag	Nürnberg	1431	Kohlusch. 3	leer ~~409400~~
426		10	8^{10}		auf	Maijer Laiblin	Wiesbaden	1450	Schw. III	leer
427		"	10^{45}	—	auf	Demerag	Nürnberg	1462	Walhalla	leer
428		"	12^{25}		ab	Maijer Laiblin	Wiesbaden	1449	Schw. II	51800
429		11	8^{10}		auf	Vorwinkel	Mainz	1460	Hilda	leer
430		"	12^{30}		ab	Noris Weiß	Nürnberg	1464	Noris	50400
431		11.		2	auf	Mayer Laiblin	Wiesbaden	1447	Schwaben I	leer
432		12.	7^{15}	—	auf	Tischler	Nürnberg	1463	Venus	leer
433		"	10		ab	Vorwinkel	Mainz	1456	Berner I.	44900

Seite aus dem Schleusenbuch der Schleuse 70 bei Worzeldorf vom Jahr 1921

Familie dann das Kanalhaus gekauft, das heute – die beiden Kinder sind längst erwachsen – der Alterssitz von Frau Hutzler ist. Den größten Teil ihres Lebens hat sie am Kanal verbracht.

*

In Kelheim lebt Wilhelm Tratner, geboren am 12. November 1915, er wohnt im Kanalhaus Nr. 1 an der Schleuse Nr. 1, Postadresse Hienheimerstraße 5, die ehemalige „Kanaleinnehmerei". Hier begann der Ludwigskanal. Herr Tratner hat 1937 als gelernter Schreiner am Kanal Arbeit bekommen. Seine Erzählung beginnt mit dieser Zeit.

„Im März '37 hab ich hier angfangen, bin vom Arbeitsdienst kommen, wo ich eineinhalb Jahre war, und hab mir da Arbeit gsucht. Damals ham die ganzen Gebäude, von hier bis zur Schleuse 12 zur Kanalmeisterei Riedenburg ghört, und da hab ich dann angfragt, weil man nirgends Arbeit kriegt hat. Wußt schon, daß ich im November wieder einrücken mußte zum Militär, hab mir aber denkt, des halbe Jahr, da brauch ich a bißle Verdienst. Denn mit 25 Pfennig ist man nicht reich gworden, soviel hat man beim Arbeitsdienst kriegt, 25 Pfennig **am Tag**! Angfangt hab ich dann als Hilfsarbeiter, mit 58 Pfennig die Stund. Ich hab da mit der Partie mitgarbeit, und zwar ham wir da das Flußbett ausgebaggert, soweit es Anlagerungen gegeben hat, vor und hinter den Schleusen, an den Stauwehren. Das hat sich dann ergeben, durch des, daß ich Schreiner war, da hat man halt in einem Schleusenhaus mal einen Fußboden reingmacht, dort mal ein Fenster gemacht, also da hab ich viel Schreinereiarbeit gmacht ... und dann bin ich eingrückt. ..."

Wilhelm Tratner war in Amberg eingerückt und kam 1939 in den Krieg: Polenfeldzug, Frankreich, Rußland. 1945 kehrte er zurück.

„Dann bin ich von den Soldaten '45 wieder zurückkommen, bin nach Regensburg, hab mich dann gmeldet und hab auch gleich bei der Kanalmeisterei wieder angfragt: ‚Braucht ihr wieder Arbeiter, kann man bei euch wieder anfangen?' ‚Ja', sagt der, ‚wir warten schon lang auf Leut, ihr seid's gleich willkommen, ihr könnt's gleich anfangen'. Ich hab dann sofort angfangen, schon im April '45. Zuerst ham wir die ganzen Brücken frei gmacht, in Gundelfing war eine, in Deising war eine, in Eggersberg war eine, da ham wir die Vorarbeiten gmacht, damit man wieder drüber fahrn hat können. Im Oktober, November war dann des abgeschlossen, doch ich bin dabei blieben, hab halt im Außendienst mitgholfen, Wasserbau, Brückenwiderlager betonieren, das war dann die Arbeit. Ich hab alles gmacht, was angfalln ist. So ging des dann bis '48. Dann is der Kanalwärter, der hier auf Schleuse Nr. 1 gesessen ist, in Rente gangen, und dann ham sie mich da runter. Es sind doch sehr viele entlassen wordn, denn da habns schon gwußt, den Kanal, den wollns stillegen. Und weil ich schon so lange dabei war und außerdem Kriegsbeschädigter war – damals kam ja das Gesetz, daß Kriegsbeschädigte besser gestellt wurden – konntens mich nicht entlassen. So mußt ich '52 hier rein, in des Haus auf Schleuse Nr. 1. Seither hab ich den Dienst da herin gmacht.

Unsern Umzug von Schleuse 4 auf Schleuse 1 habn wir damals mit dem Schiff gmacht, da war alles drauf, Holz, Heu, Kartoffel, Möbel, zwei Ziegen und zwei Schweine und die drei Kinder, der älteste war sechs, das vierte Kind ist dann auf Schleuse Nr. 1 geboren.

Unser Haus war die ‚Einnehmerei Kelheim' vom Wasserstraßenamt Nürnberg. Es hat mehrere Einnehmereien geben, eine war in Beilngries, eine war in Nürnberg. Der Einnehmer hat alle Gebühren erhalten, die in seinem Bereich anfielen – hier war der Bereich von Kelheim bis Dietfurt. Es wurden Gebühren erhoben für: Graspacht, Zellenverpachtungen, Eispacht. Im Winter habn die Brauereien und die Metzgereien ihr Eis aus dem Kanal gholt, und dafür wurde eine Eispacht erhoben, die habn für den Kubikmeter soundsoviel zahlen müssen, des warn Pfennigbeträge. Ich bin dann, die ersten Jahre, mit dem Fahrrad rausgfahrn, die ganze Strecke bis Dietfurt. Bei allen, die Grundstücke gepachtet hatten, hab ich dann einkassiert und hab des mit der Regierungshauptkasse Ansbach abgerechnet, später hat's die Regierungshauptkasse Regensburg gmacht und nach ein, zwei Jahren ist des dann eingestellt worden und die Mieter und Pächter haben direkt an die Regierungshauptkasse per Post überwiesen.

Schiffe sind zu der Zeit noch gefahren, und zwar mit Sondergenehmigung. Da hatte ich den Auftrag, weil ich die erste Schleuse war, des Schleusen eine Strecke weit zu machen, wir warn ja nicht mehr viele Leute. Auf den Schleusenhäusern waren ja keine Schleusenwärter mehr, sondern da habn Mieter gewohnt. Es ist weiter nichts mehr betrieben worden wie Kiestransport, des ging noch bis Pfeifferhütte, weiter konntens nicht mehr fahrn. Und wenn jetzt ein Schiff kommen ist, dann hab ichs nach Riedenburg gschleust, oder es hat nach Dietfurt müssen, dann mußte ich mit, da bin ich mit dem Rad gfahrn, des warn so 36 Kilometer. Es gab nur noch zwei Schiffahrtsunternehmen: die Firmen Barth, des warn zwei Brüder, da hat jeder ein Schiff ghabt. Die habn die Kiestransporte gmacht, eine Ladung waren so etwa 50 bis 60 Kubikmeter, ungefähr 100 Tonnen.

Eine Zeitlang hats auch noch die Flöße gegeben, da hab ich noch auf der Schleuse Nr. 4 gwohnt, die hab ich dann durchflößt, bis nach Kelheim rein, die konnten ungefähr 40 Kubikmeter transportieren, des waren reine Holztransporte. Hier an der Schleuse Nr. 1 war ja ein großer Holzlagerplatz, bevor des bebaut worden ist. Die sind natürlich getreidelt worden, flußaufwärts meistens mit drei Pferden, auf der Altmühl bis Dietfurt. Von dort gings dann erst in den eigentlichen Kanal rein, da war stehendes Wasser, des hat dann ein Pferd gezogen. Die Flöße mußten so gebaut werden, daß sie durch die Schleusen gefahren werden konnten, da war dann rechts und links vielleicht noch 10 cm ‚Spiel', die haben immer grad so durchgepaßt.

Die Schleuse Nr. 1 hatte manchmal mit besonderen Schwierigkeiten zu kämpfen, denn die lag ja direkt an der Donau. Wenn wir dann einen Rückstau von der Donau hatten, da stand das Wasser dann höher als im Altmühl-Kanal, da kriegten wir soviel Auftrieb, da hat man die Schleusentore mit Beton beschwert, damit sie's nicht aushebn hat können. Wenn a Hochwasser kommen ist, dann hat man vorsichtshalber doch beide Schleusentore aufgmacht, weil die hätts sowieso aufdrückt. Ab und zu mußten die Schleusentore gerichtet oder sogar neu gemacht werden, das war Maßarbeit, denn die Tore mußten ja dicht schließen, es durfte kein Wasser duchlaufen. Früher gab's da Zimmerleute, die habn des gmacht, da war einer in Riedenburg, einer in Dietfurt, die habns lange Jahre gmacht. Die Schiffahrt is dann gar gwesen, wer solls denn dann machen? Dann habn eben wir des gmacht, wir waren zwei Zimmerleute, zwei Maurer, ich bin als Schreiner dazu kommen, vom Fach war ich a weng, verstanden hab ich auch a bißl was, dann habn wir halt im Winter die Tore gmacht. Im Winter wurde viel in der Schleuse gearbeitet, da wurden Koksöfen mit hineingestellt, damits ein wenig wärmer war ... "

Wilhelm Tratner ist auch ein ‚Kanaler' durch und durch, das spürt man aus seiner Erzählung, das zeigt sich darin, daß er, wie Maria Hutzler, nach wie vor in ‚seinem' Schleusenhaus an der Schleuse Nr. 1 wohnt. Auch bei ihm hat sich das wohl ‚vererbt', denn schon der Vater hat 18 Jahre – von 1920 bis 1938 – als Kanalmeister gearbeitet. Er selbst erlebte Unglücke und Selbstmordfälle, hat zwei Menschen das Leben gerettet und sagt: „Am Wasser müssens immer rechnen, daß was passiert. Meinen Kindern hab ich sehr früh das Schwimmen beigebracht – in der Schleuse. Ich hab sie an einen Gurt angehängt und am Stecken durch die Schleuse gezogen." 1978 ist er mit 63 Jahren „in Rente" gegangen, doch dem Kanal gehört noch heute seine Aufmerksamkeit, ganz selbstverständlich: „Das gehört zu meinem Leben ..."

*

Georg Pfaller, Jahrgang 1905, und seine Frau Franziska, geborene Kuchlbauer, Jahrgang 1910, leben schon mehr als 60 Jahre in dem kleinen Ort Mühlhausen, der zwischen Neumarkt und Berching direkt am Kanal liegt. Georg Pfaller hat 1930 seine Arbeit am Kanal aufgenommen und berichtet aus dieser Zeit.

„'30 bin ich am Kanal kommen, im Winter 1930, am 27. November. Da bin ich auf der Walz gwesen, dann bin ich heimkommen nach Berching. A paar Tag später läuft mir der Kanalmeister übern

Weg, dann sagt der: ‚Hast du a Arbeit?' Sag ich: ‚Na.' Sagt der: ‚Ich brauchert zwei Mauerer.' Sag ich: ‚No, ich bin gleich dabei, und da weiß ich noch einen.' ‚Ja', sagt er, ‚den nimm ich gleich, den kenn ich, den sein Vater war auch scho am Kanal, frühers.' Naja, dann habn wir da angfangt, am Brückkanal bei Beilngries, bei Gösseltal. Da is ein Nürnberger kommen, der hat ihn geteert, weil der allaweil gronnen hat, der ist ausglaufen. Der is teert wordn, mit Pappen, dann is er noch verkleidet worden mit Holz, daß die Schiff nicht die Pappen wieder wegreißen, und da hab ich mitgearbeitet, des is mei erste Arbeit gwesen. Da warn wir vier Wochen da unten, dann sin wir auf Schleuse 14 kommen. Da habn wir dann die Schleusen verankert, da is des Verankern losgangen, zuerst ausgraben, dann halt Nuten schlagen, und dann wieder fest einbaun.

Wir sind ja von überall herkommen, der weitste war von Schleuse 32, und der mußt auch um 1/2 8 Uhr drunten sein, da is die Arbeit losgangen, im Winter, und um 1/2 5 Uhr ist Schluß gwesen. Im Sommer is um 7 angangen, weil da ja die Schiff gfahrn sind.

Die Schiff habn aufghört im November, weil da alles eingfrorn war, und im März is wieder losgangen. Wenn a Eisschicht drauf war von 4 cm, dann sind die Holzschiff schon nicht mehr durchkommen, dann is eingstellt worden. Meistens is am 19. März wieder angangen, am Josephitag. Des Eis hat lang herghalten am Kanal, weil da niedriges Wasser gwesen ist, des is ja oft so 40 cm tief gfrorn, und da hat des lang dauert, bis des wieder auftaut ist.

Zwei Stunden hab ich da schon braucht mit dem Fahrrad, von hier bis Schleuse 14, um 5 Uhr sind wir alle Tag aufgstanden. Da is immer des Auto durchgfahrn, von Nürnberg, des hat uns meistens den Weg gmacht, des war ein Auto von den Nürnberger Nachrichten, und in der Spur is man dann gfahrn, der eine links, der andere rechts.

Im Februar sin wir dann fertig gwesen auf Schleuse 14 und kurz danach bin ich wieder ausgstellt worden, ich war ja nur Saisonarbeiter, vier Jahre lang. 1934 bin ich dann fest angstellt worden, als Hilfsschleusenwärter. Ich bin ja a Maurer gwesen, sonst wär ich gar net eingstellt worden seinerzeit, die habn nur Glernte gnommen. Und man war froh, daß man a Arbeit ghabt hat. Als Arbeitsloser hat man 7,40 Mark Stempelgeld kriegt, und wenn man ausgsteuert war, nach am halben Jahr, hat man noch 3,20 Mark kriegt in der Woche.

Wie ich angstellt worden bin, hat's gheißen: Den können wir brauchen, der kommt auf Schleuse 26. Dann hab ich da angfangt, und 1935 habn wir gheiratet. Da hab ich ja noch in meinem Elternhaus gwohnt in Berching, da hab ich mir a Wohnung eingricht, und im Februar habn wir gheiratet, da sind wir noch so fünf Monate gwesen, bis Juli, dann sind wir raufkommen auf Schleuse 26. Im Winter hab ich als Maurer garbeit, da hab ich 4 Mark mehr ghabt, und im Sommer hab ich als Hilfsarbeiter garbeit. Da hat man alles machen müssen: Graben putzen, Sand ausbaggern, Gras schneiden am Treidelweg, und so fort. Zum Baggern hat man vier Mann braucht, da hat man a Baggerschaufel gnommen, die hat fünf Löcher ghabt, die hat man dann ins Wasser reingworfen, zwei Mann rechts, zwei links vom Kanal, und mit vier Meter langen Stielen hat man anzogen, des wurde alles mit Hand gemacht. Unser Arbeit war eben, den Kanal erhalten. Mit dem Schleusen hab ich gar net so viel zu tun ghabt, da gab's ja die Schleusenwärter. Höchstens wenn mal zwei oder drei Schiffe nacheinander kommen sind, dann hat man nachschleusen müssen, weil der Schleusenwärter war dann unterwegs. Der hat ja eine Strecke ghabt von Schleuse 32 bis Schleuse 25, dann hat der nächste Schleusenwärter des weitergmacht.

Wenn a Schiff kommen is, des hast ghört, weil die Schiffer, die habn a Trompeten dabeighabt und dann habns gspielt, dann hast gwußt, jetzt kommt wieder eins. Von Berching bis nach Neumarkt, da habns einen Tag braucht, je nachdem, wie halt der Gaul herghalten hat, der mußte ja den ganzen Tag ziehen, die Schiffsleine ist dreißig Meter lang gwesen. Der mußte ja immer schräg gehen, und am schwersten war, des Schiff aus der Schleusen rausziehn, bis des amal in Schwung gwesen is, da sind ja Gäul in Kanal gfallen dabei, des hab ich erlebt. Die sind zwar gleich wieder rauskommen, der Kanal war ja nicht tief, einen Meter achtzig, auf der Scheitelhaltung dann zwei Meter zwanzig.

Mir habn da gscheit arbeiten müssen, viel Geld hat man net verdient, aber wir habn des ganze Jahr Arbeit ghabt. Am Bau hätt man mehr verdient, aber im Winter war man arbeitslos. Des erste Jahr hat man halt 5 Tag Urlaub kriegt, da hat man schon gmeint, Wunder was, weil früher hat der Arbeiter ja kein Urlaub ghabt, heut habn's alle Urlaub, gell. Wie ich 5 Jahr dabei gwesen bin, dann hat man 1 Tag mehr kriegt, hat man 6 Tag kriegt. Des war schon was!

1949 war's dann eigentlich Schluß am Kanal, dann sind wir weg von Schleuse 26 und wieder nach Berching zogen, da habn wir uns dann a Haus baut. Und ich hab die meiste Zeit in Nürnberg garbeitet, da hat man mehr verdient, von 1949 bis 1970, dann bin ich in Renten gangen."

Georg Pfaller, Wilhelm Tratner und Maria Hutzler haben ihr ganzes Leben am Kanal verbracht, für die Männer war es auch die meiste Zeit ihres Arbeitslebens. Ganz anders dagegen erlebte die Nachkriegsgeneration den Kanal, der, bereits stillgelegt, nun nicht mehr Arbeitsplatz, sondern Abenteuerbereich der Kinderzeit wurde.

Manfred Lehmeier, Jahrgang 1943, verlebte seine Kindheit bis zum 13. Lebensjahr in Neumarkt und der Kanal war damals das ideale Revier für ihn und seine Freunde und Schulkameraden. In seinen Erinnerungen war der Kanal schöner als jeder Kinderspielplatz je sein kann, Schauplatz vieler Spielabenteuer und Lehrpfad der Natur.

„Wir habn in der Schützenstraß gwohnt, und des war vielleicht 6 oder 8 Minuten vom alten Kanal entfernt. Auf der Staufer Bruck, da hat für uns der Kanal angfangt, und wenn wir da nüber gangen sind, da warn praktisch die Störch immer dabei, denn da warn viele Sumpfwiesen. Drei Storchennester hat's damals geben in Neumarkt, mitten in der Stadt, eines war bei der ‚Express', des war die große Fahrradfabrik. Und die sind immer Richtung Kanal gflogen, und drüber naus, Richtung Stauf, da warn große Weiher und viel Sumpf. Wenn wir am Kanal gangen sind, da warn also die Störch im Sommer immer da. Der Kanal, des war unser Abenteuerspielplatz, aber der war eben nicht künstlich anglegt, sondern Natur pur. Des Stück zwischen der Staufer Bruck – des war noch a ganz schmale Holzbrücke – und unten, wo der Buchberg ist, des war vielleicht so zwei, drei Kilometer lang, da war der Kanal sehr tief einglassen und wahnsinnig bewachsen, des war wie a Dschungel. Wenn'st da entlang gangen bist, da unten, da warn alle 30, 50 Meter riesige Hecht gstanden im Wasser, da hat jeder so sein Revier ghabt. Denn im Kanal gab's wahnsinnig viele Fisch, vor allen Dingen Rotaugen, des war ideal für die Hechte. Da habn uns die Eltern gsagt: Schwimmen dürft's da net, weil so a großer Hecht, der kann dir ja a Zehe regelrecht wegbeißen. Aber wir sind trotzdem rein, im Kanal hab ich des Schwimmen glernt. An dieser Stelle war des Wasser auch sehr klar, oben, an der Staufer Bruck, wenn'st runter gschaut hast, hast die Krebse gsehn, die hat's da noch geben. Dadurch, daß der Einschnitt so tief war, sind viele Quellen in den Kanal gflossen und damit ist des Wasser immer aufgfrischt worden.

Wie der erste Hans-Hass-Film kommen ist, sind wir im Kanal zum Tauchen. Es hat ja kein anderes Gewässer geben. Ein Freibad war schon da, aber der Reiz von ein'm freien Gewässer, der war natürlich für uns Kinder viel größer. Wir habn ja dann auch Fisch gfangt, habn uns selber Angeln gmacht mit ein'm Korken, dann hat's so billige Nadeln geb'n, die hat man umbogen und hat sich an Haken draus gmacht. Dann hab'n wir an klein Fisch dranghängt und Hecht gfangt. Aber wenn wirklich amal einer anbissen hat, dann hat der den Haken abgrissen oder hat die Nadel gradbogn, auf die Art habn wir nie ein erwischt. Aber derwischt habn wir's mit die Drahtschlingen, die warn aus ganz feinem, festem Draht, wie a Lasso. Und dann: ganz vorsichtig eintauchen, von hinten vorführn bis hinter die Kiemen, dann anziehen und sofort rausschmeißen und dann … ein Messer habn wir schon ghabt, a schönes Pumamesser. Wir habn ja immer eine Lederboxn anghabt, barfuß und Lederboxn, was anders habn wir zu der Zeit net ghabt. Sonntags hast an gstrickten Janker anzogn und Schuh, sonst nur barfuß, aber: a

Pumamesser in der Lederhosn drin. Alles was mehr gsehn habn, die ersten Tarzanfilme, alles is am Kanal nachgmacht worden. An die Bäum wie die Affen gschwungen, taucht wie Hans Hass, ein abenteuerliches Kinderleben. Einmal hat's gheißen: also, heut baun wir ein Floß. Mein Großvater hat ja alles gsammelt, im Hof war a riesige alte Tür, und Benzinfässer. Draht war ja auch da, massig, dann habn wir auf an ‚Harritsch', des war a so ein zweirädriger Karren, da habn wir die Fässer drauf und die Tür, und dann habn wir's zu fünft nunterzogen am alten Kanal. Die Fässer habn wir zammbunden und habn's rein und habn die Tür oben drauf glegt. Aber dann war in dem einen Faß a Loch drin, des hat dann Wasser kriegt und des Ganze hat Schieflage kriegt, und auf einmal ist die Tür wie beim Stapellauf ins Wasser und untergangen, die war so schwer! Und weg war's. Des eine Faß is dann auch untergangen und der Draht ist grissen, naja, dann sind wir rein und habn alles wieder rausgholt, weil, wir mußtens ja wieder heim bringen, denn wenn des gfehlt hätt, dann hätt mir der Großvater was erzählt. …

Im Kanal bin ich manchmal auch unfreiwillig baden gangen, zum Beispiel im Winter, beim Schlittschuhlaufen. Des war ja toll, hast kilometerweit fahrn können, aber es warn Quellen da, und da war des Eis dann aufgleint, dann habn wir natürlich Eisschollen-Springen gmacht, mit Anlauf über den Spalt drüber, des hat uns natürlich Spaß gmacht. Einmal hab ich's halt nimmer ganz gschafft, bin genau bis zur Kanten hinkommen, abgrutscht und schwupp, war ich weg. Bis zur Brust im eiskalten Wasser, so. Und dann bist heimgangen. Bis ich da heimkommen bin, war alles stocksteif und bockelhart gfrorn. Dann war keiner da und der Ofen war nicht angschürt, da bin ich net amal aus meine Lederstiefel rauskommen, so gfrorn war des. …

Eines Tages kommt mein Großvater her, nimmt mich bei der Hand und sagt: ‚Du kommst jetzt mit, ich zeig dir was'. Dann hat er sein Fahrrad gnommen, hat mich auf die Lenkstange vorn drauf gsetzt und ist mit mir nach Greißelbach gfahrn, vielleicht 10 Kilometer, des war im Sommer an ein'm Werktag und da warn relativ viel Leut da. Jetzt ist der letzte Lastkahn, der damals noch gfahrn ist, der ist aus dem Wasser rauszogen worden. Des war des größte Schiff, was ich bis dahin gsehn ghabt hab. Mein Großvater hat mir des erklärt, was da eigentlich los ist, aber des hat mich als Kind nicht so interessiert, daß da eine Ära zu Ende geht. Ein paar Jahr später hab ich des dann schon begriffen.

Eines Tages hat's gheißen: es wird eine Autobahn baut, und zwar direkt, wo jetzt der Kanal ist. Des habn wir uns überhaupt nicht vorstellen können, da wo überall diese Büsch sind, wo wir Indianer- und Cowboyspiele, wo wir Tarzan und Bomba und alles gmacht habn, daß da Autos fahrn sollen. Die Autobahn ist dann viel später kommen, aber genau auf der anderen Seite an Neumarkt vorbei. Aber insgesamt ist von dieser ursprünglichen Umgebung, in die der Kanal eingebettet war, an dieser Stelle kaum mehr was übrig. Da, wo wir unseren Garten ghabt habn, wo diese ganzen Sumpfwiesen waren, da ist heut ein Industriegebiet, da ist alles zubetoniert. Da, wo damals die Zigeuner mit ihrer Wagenburg warn, da sind heut lauter Industriebauten, da, wo nur Sumpf war und die Störch sich die Frösch gholt habn, wo wir große Ringelnattern gsehn habn, da ist heut alles asphaltiert, da ist wirklich ein Teil meiner Kindheit begraben. Kanal und Natur, des war eins, und obwohl's eine künstliche Wasserstraße war, war's für uns Kinder des reinste und schönste Naturerlebnis. Also im alten Kanal, meine Kindheit, auf, im und unterm Wasser, des war's.

Leider ist heut, gerade da in Neumarkt der Kanal zerstört – an anderen Stellen ist er noch gut erhalten – aber da ist es ganz schlimm. Ich geh gern am Kanal spazieren, aber an die Stelle geh ich heut ungern hin, weil mich des traurig stimmt."

Die herrlichen Erinnerungen an die Kindheit sind bei Manfred Lehmeier mit Wehmut vermischt, weil sein Revier aus Kindertagen heute unter Asphalt und Beton begraben ist. Was bleibt, sind die Erinnerungen und damit im Herzen aller Erzähler die Liebe zum „Alten Kanal".

Die Erzählungen von Maria Hutzler, Wilhelm Tratner, Georg Pfaller und Manfred Lehmeier wurden zwischen November 1995 und Januar 1996 vom Autor auf Tonband aufgezeichnet und dann in Erzähltexte umgeformt. Persönlicher Sprachstil und Dialektform wurden dabei erhalten.

Der Kanalmeister

Klaus Schamberger

Man könnte den Josef Menrath daheim in seinem Häuschen in Wintersdorf aus dem tiefsten Schlaf wecken, ihn nach der Schleusennumerierung zwischen der Gartenstadt und Dörlbach fragen, und er würde ohne zu zögern das kleine Einmaleins des Kanalschlurchers aufsagen: „Schleuse 68 vor Worzeldorf, Schleuse 67 bis 65 hinter Worzeldorf, Schleuse 64 Wendelstein, Schleuse 63 Röthenbach St. Wolfgang, Schleuse 62 Gugelhammer". Im Kopf des Josef Menrath haben sich nicht nur die Numerierungen der Schleusen für ein Leben lang eingegraben, als wären sie für die Ewigkeit in Granit gemeißelt. Er kennt zwischen der Nürnberger Südstadt und dem Dörlbacher Einschnitt jeden windschiefen Apfelbaum, jeden zerzausten Hollerbusch, jede Kuhblume. Er weiß, wo Habichte ihre Kreise ziehen über dem schwarzen Wasserband. Er versteht das Schilf, wenn es im letzten sanften Abendwind mit dem Wasser spricht. Er schiebt seinen grauen Filzhut einen Finger breit tiefer ins Gesicht, wenn in der Oberpfalz die Sonne aufgeht, und es im ersten roten Licht des Tages auf dem Kanal so ausschaut, als würden die Enten brennen, als wären die dicken Ufereichen rosa tapeziert.

Daheim in Wintersdorf ist der pensionierte Fluß- und Kanalmeister, seit er in den Ruhestand verabschiedet worden ist, jetzt schon öfter. Aber immer noch sagt seine Frau, daß sie manchmal nicht genau weiß, mit wem er jetzt eigentlich verheiratet ist: Mit ihr oder mit dem Ludwigskanal. „Der Kanal", sagt der Josef Menrath, „der wird mer wahrscheinlich bleim, so lang ich leb."

Nach dem Krieg hat er als Zimmerer gelernt, sein bißchen Geld mit dem Holzschalen beim Beton- und Monierbau verdient, ist Polier geworden und hat an der Pegnitz die zerstörten Wehre wieder aufgebaut. Das Nägeleinswehr, das Katharinenwehr, das Weidenmühlwehr. Jetzt sitzt er an einem Frühherbsttag beim Gambel in Worzeldorf im Gastgarten. Aus dem Kaffee steigt Rauch auf. Der vermischt sich mit den kleinen Nebelwolken vom Kanal und fliegt am Glasersberg vorbei nach Wendelstein. „Ner ja", sagt der Josef Menrath und rührt mit dem Löffel noch ein paar kleine Rauchwolken in der Tasse auf, „es Redn is nedd meins. Was wolln'sn edz wissn?" Da schaut man dem Kanalmeister unter seinem Filzhut dann schon lieber beim Nachdenken zu. Unter der Woche ist es am alten Kanal sowieso besser, man hält meistens den Mund. Da hört man die Karpfen beim Luftholen, man hört den Wind, man hört einen Apfel ins Gras fallen. Und wenn es ganz ruhig ist, hört man die Stille. Der Kanal – das, was das Asphalt- und Beton-Jahrhundert und seine Wirtschaftswachstums-Philosophen von ihm noch übrig gelassen haben – war dem Josef Menrath eine Lebensaufgabe.

Am 2. Februar 1959 – „an Lichtmeß wie früher die Knecht" – hat er beim Wasserwirtschaftsamt in Nürnberg als Aufpasser für die Pegnitz und den Kanal angefangen. Wie er nach fast 40 Jahren in den Ruhestand gegangen ist, war der Staatsbeamte für das allgemeine mittelfränkische Wasserwesen ein Hauptflußmeister. Beim Rühren im Kaffee redet er fast so leis wie eine Herbstnacht am Kanal: „An der Pegnitz war ich schon auch gern. Ich bin zuständich gwesn bis nauf zur Hirschbacheinmündung. Uferböschungen nachbessern, Bäum rausziehen, Unterspülungen ausbessern. Lauter solche Sachn halt. Aber am schönsten war es am Kanal." Im Herbst 1955 hat er von seinen dreißig Kilometern Ludwigskanal Bestandsaufnahme gemacht. Jedes Schleusentor, jedes Sicherheitswehr, Schieber, Geländer, Ufersteine, Bachunterführungen stehen seitdem in einem dicken Ordner für seinen Nachfolger. Ein paar Anmerkungen gibt es in den Ordnern des Wasserwirtschaftsamtes auch zu seinem Lieblingsprojekt, das ihm schlaflose Nächte und Alpträume bereitet hat: Die Kanalheimholung der

Elfriede. Die bauchige alte Dame ist ein eisernes Schiff, das bei Neustadt in der Donau seinen Lebensabend auf Grund verbracht hat. „Ich hab bei einer Flußmeister-Versammlung", erinnert er sich, „zufällich von der Elfriede erfahren. Und da wars für mich klar – die muß zum Jubiläum im Kanal fahrn". Überredungskunst kann es nicht gewesen sein, aber ganz bestimmt die Beharrlichkeit des Josef Menrath: Die zahlreichen Genehmigungsämter zwischen München und Nürnberg waren einverstanden, die Elfriede ist in der Donau gehoben und mit einem Tieflader in die Kanalscheitelhaltung zwischen Burgthann und Rasch transportiert worden. Tausende von begeisterten Kanalspaziergängern sind im Sommer 1995 auf der Elfriede von einem Pferdegespann wie in den ganz alten Zeiten getreidelt worden. „Ja", sagt der Retter der Elfriede, „a bissla Kanalschiffahrt so wie früher wär schon schön. Aber es geht halt leider nimmer".

Eine einzige Schleuse, die in Worzeldorf, ist von Josef Menrath in seiner Dienstzeit wieder auf volle Funktionstüchtigkeit gebracht worden. Von den Hindernissen viel zu niedriger Betonstege, Autobahnverrohrungen und Staatsstraßenunterquerungen ganz zu schweigen. Sowieso wollten die Höchstgeschwindigkeitstrassen-Planer der sechziger Jahre nichts mehr von einem alten Kanal wissen, und schon gleich gar nichts von einer zweckfreien Personenspazierschiffahrt mit zwei bis drei Stundenkilometern. Dort wo der Josef Menrath 1959 als Fluß- und Kanalkümmerer angefangen hat, am alten Nürnberger Kanalhafen, ist ein paar Jahre später die Schnellstraße über die Vergangenheit ausgebreitet worden. In Wendelstein wollte man sich auch nicht den Zeichen der Zeit verschließen und hat auf dem Kanal eine Umgehungsstraße geplant. „Gottseidank", sagt der Josef Menrath, der sich an das Projekt noch genau erinnern kann, „is denen dann das Geld ausganger. Sonst wärs vielleicht ganz aus gwesn middn Kanal". Ungefähr eine halbe Million Mark hat der Kanalmeister am Ende seines Berufslebens jedes Jahr zur Verfügung gehabt: Undichte Uferstellen mühselig mit Lehm ausbessern, mit der Mähkuh Algen rausfischen, die Abschnitte zwischen zwei Wehren trockenlegen und entschlammen, Schleusentore restaurieren. „Des Geld für unser Arbeit", sagt er „des war bestimmt ka nausgschmissns Geld."
Es ist an diesem Tag schon fast Winter. Man kann den winzigen Wellen beim Gefrieren zuschauen, man muß im Gasthaus „Ludwigskanal" schon nah beim Ofen sitzen. Zwei andere Frühgäste sagen freundlich Gumorng. „Die meistn kennen mich", sagt der Kanalerer und Hauptflußmeister im Ruhestand, „also die, die halt auch dauernd am Kanal sin. Wenns den grauer Filzhut seeng, dann wissns scho, wers is."

Dann kommt Josef Menrath wieder auf die Kosten zurück, die kein rausgeschmissenes Geld sind. Und da wird er zum ersten Mal in diesen vielen Tagen zwischen Herbst und Winter, zwischen Gartenstadt und Dörlbach redselig. Weil es um seinen Kanal geht. „Erschdns", sagt er, „is der Kanal ein Baudenkmal, wie es kein zweites mehr gibt. Und zweitens is er in die hundertfuchzich Jahr fast scho wieder Natur worn. Und drum hat er auch den höchstn Erholungswert für die Menschn im ganzn Großraum. Da geht nix drüber. Was wolln'sn mitn Wöhrder See. Da gehn's einmal rum, und des wars dann. Aber halt der Kanal ...". Die Angler, die Kinder, die Radfahrer, die Wanderer, die Biertrinker, die Kanalgärtlasinhaber, die Schlittschuhfahrer, die Bankbrotzeitmacher, die Nachtgieker. Oder die, die schon sehr zufrieden sind, wenn der Vollmond von Pfeifferhütte im Kanalhafen liegt und mit den Wellen wackelt. „Wo sollerdn die alle hin", fragt der Josef Menrath, „wenns kan Kanal gebn däd. Gottseidank steht er unter Denkmalschutz. Dem kann so schnell nix bassiern". Davon ist der Josef Menrath zutiefst überzeugt. Er trinkt seinen Kaffee aus und geht am Kanal entlang. Zählt die Ufersteine, flüstert mit dem Schilf, redet stumm mit den Karpfen, begrüßt freundlich einen uralten Apfelbaum, der seine kahlen Äste in den tiefen Winterhimmel streckt. Über dem grauen Filzhut von Josef Menrath steigt ein Atemwölkchen auf. Wahrscheinlich hat er sich jetzt doch mit jemand unterhalten. Im Zweifelsfall mit dem alten Ludwigskanal.

Sonnenaufgang bei Schwarzenbach, 1995

Baumblüte vor Neumarkt mit Blick auf die Burgruine Wolfstein, 1995

Erstes Grün bei Berg, 1995

oben: Schleuse 14 bei Dietfurt, 1979
Seite 80: Blühender Apfelbaum bei Berg, 1995

Bei Schloß Gugelhammer, 1995

Unterölsbacher Einschnitt, 1995

oben: Bei Berching, 1995
Seite 85: Brückkanal bei Beilngries, 1995

Schäfer am Gruberbachdamm bei Oberölsbach, 1994

18
18
17
17
16

oben und Seite 88 unten:
Am Sicherheitstor des Distellochdammes, 1995
Seite 88 oben: Zur Versteigerung numerierte Apfelbäume bei
Unterölsbach, 1995

Historische Treidelfahrten bei Schwarzenbach, 1995

Wasserwirtschaftsamt Nürnberg

ELFRIEDE
150 Jahre LDM - Kanalschiffahrt

Schleuse 12 bei Mühlbach im Altmühltal, 1995

Kanalschwimmer bei Schwarzenbach, 1995

Kuhbad bei der Schleuse 20, die durch den Bau des neuen Main-Donau-Kanals völlig zerstört wurde. Ottmaringer Tal, 1985

Seite 96 und rechts oben: Schleusenruine bei Forchheim, 1995
Mitte: Kilometerstein im Altmühltal bei Essing, 1995
unten: Schleifspuren des Treidelseils an der Schleuse 36 bei Burgthann

Seite 98 und Seite 99 unten: Sickerwasserschacht im Distelloch-damm, Innen- und Außenansicht, 1995
Seite 99 rechts: Schlußstein aus dem Gewölbe des Distelbach-durchlaßes, heute im Kanalmuseum Burgthann, 1995

Seite 100: Tunnel des Distelbaches unterhalb des Distellochdammes, 1995
Seite 101 oben: Nach dem Kanalbau aufgelassener Steinbruch beim Distellochdamm, 1995
Seite 101 unten: Absturzbauwerk des Distelbaches, 1995

Brückkanal über die Schwarzach bei Feucht, 1994

Gewölbe im Innenraum des Brückkanals, 1995

„Kanal in Flammen“, Pfeifferhütte Mai 1995

Barockfeuerwerk am Brückkanal bei Feucht, 1995

rechts: Schleuse 11 im Altmühltal bei Meihern, 1985
oben: Durch den Bau des neuen Kanals zerstörter Altwasserarm der Altmühl bei Meihern, 1985

Schleusenromantik in Bamberg:
Martin-Clemens Mayer bedient die noch voll funktionsfähige Schleuse 100, 1995

Dörlbacher Einschnitt, 1995

Seite 112/113: Sonnenaufgang bei Oberölsbach, 1995

Schleuse 6 bei Schloß Prunn im Altmühltal, 1977
Gleiche Ansicht nach dem Bau des Main-Donau-Kanals, 1991

Schleuse 17 im Ottmaringer Tal, 1987
Gleiche Ansicht nach dem Bau des Main-Donau-Kanals, 1991

oben und Seite 117:
Schleuse 58 bei Schwarzenbruck

Am Sicherheitstor bei Loderbach, 1995

Sonnenuntergang bei Berching, 1995

Lichtspiele
links oben: Bei Gspannberg, 1995
links unten: Bei Berg, 1995
rechts oben: Bei Berg, 1995
rechts unten: Bei Worzeldorf, 1990

oben: Sandsteinbrücke in der Gartenstadt Nürnberg, 1994

links und Seite 124/125: Dörlbacher Einschnitt, 1995

Herbstimpressionen bei Schwarzenbach, 1995

oben: Blick von Schleuse 28 auf Schleuse 29
bei Mühlhausen, 1995
Seite 129 oben: Bei Gspannberg
Seite 129 unten: Bei Unterölsbach

oben: Befreiungshalle bei Kelheim, 1995
Seite 131: Kanalmonument am Burgberg in Erlangen, 1995

DONAU UND MAIN
FÜR DIE SCHIFF-FAHRT VERBUNDEN,
EIN WERK VON CARL DEM GROSSEN VERSUCHT,
DURCH LU WIG I KOENIG VON BAYERN
NEU BEGONNEN UND VOLLENDET
MDCCCXLVI.

Gartenstadt, Nürnberg, 1992

Klosterruine Gnadenberg, 1995

Erster Schnee an der Auffahrt zur Kanalbrücke bei Loderbach, 1995

Am Brückkanal bei Feucht, 1995

oben und Seite 137:
Winteranfang am Sicherheitstor bei Unterölsbach, 1995

oben und Seite 139:
Schleuse 17 im Ottmaringer Tal, durch den Bau des neuen Kanals zerstört, 1985

Eiszeit am Kanal, 1995

Schleuse 50 bei Schwarzenbruck, 1995

Seite 142/143:
Bei Dörlbach, 1995

oben: Gruberbachdamm bei Oberölsbach, 1995

Seite 144: Schloß Gugelhammer bei Röthenbach bei St. Wolfgang, 1995

Winterspiele auf dem Kanal, 1995
links oben: Bei Röthenbach bei St. Wolfgang
links unten: Bei Worzeldorf
rechts oben und unten: Gartenstadt Nürnberg

Schleuse 72, Nürnberg Gartenstadt, 1979

Bei Schwarzenbach, 1980

Sonnenuntergang am Dörlbacher Einschnitt, 1995

Schleuse 9 im Altmühltal bei Gundelfing, 1985

Sonnenaufgang bei Oberölsbach, 1995

Sonnenuntergang bei Beckenhof in der Oberpfalz, 1995

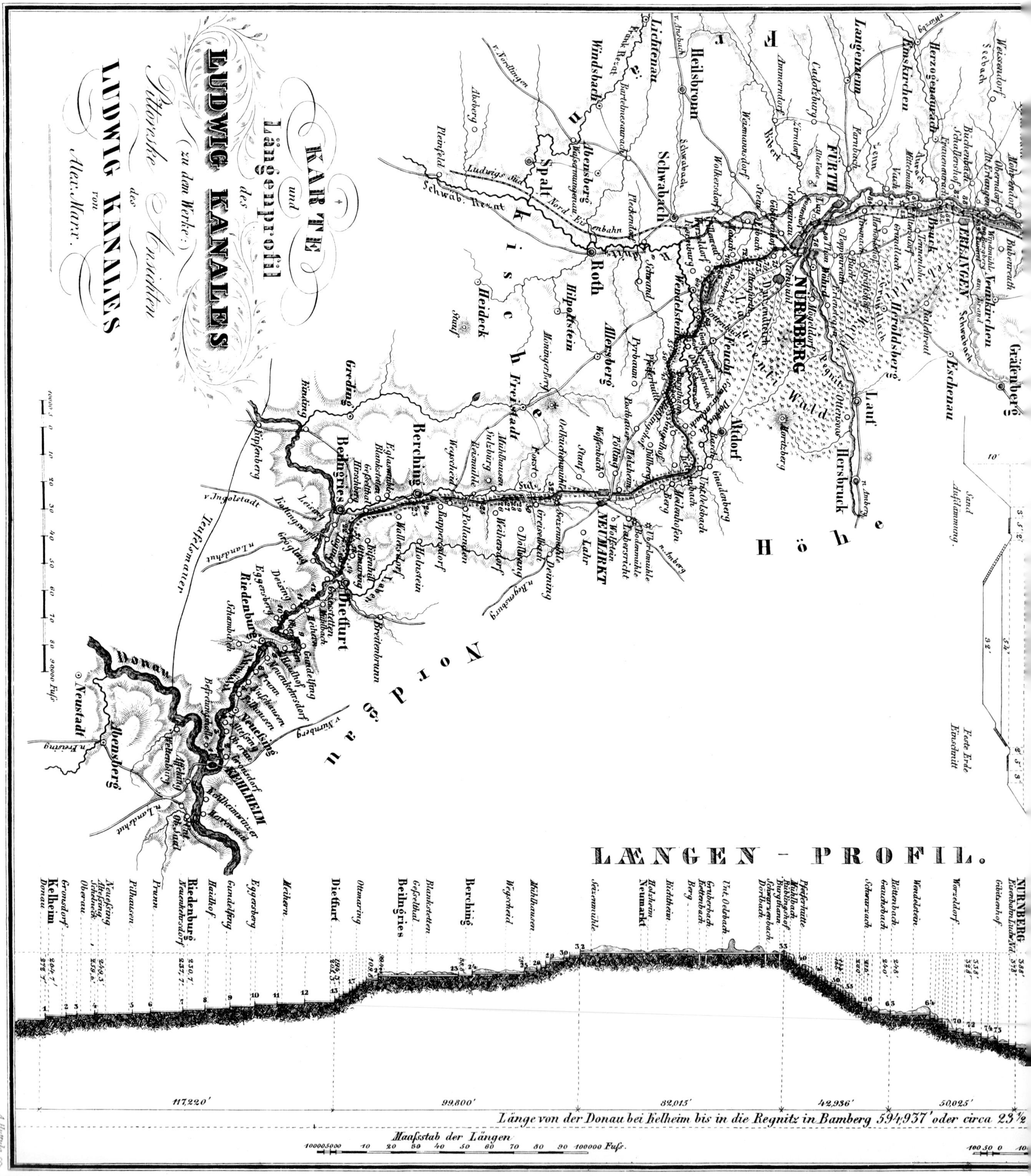

KARTE
und
Längenprofil
des
LUDWIG KANALES
(zu dem Werke:)
Pittoreske Ansichten
des
LUDWIG KANALES
von
Alex. Marx.
LÆNGEN - PROFIL.
NÜRNBERG
FÜRTH
ERLANGEN
Schwabach
Roth
Neumarkt
Berching
Beilngries
Dietfurt
Riedenburg
Kelheim
Donau
Neustadt
Abensberg
Altdorf
Feucht
Lauf
Hersbruck
Eschenau
Gräfenberg
Nord gau
Höhe
117,220'
99,800'
82,015'
42,936'
50,025'
Länge von der Donau bei Kelheim bis in die Regnitz in Bamberg 594,937' oder circa 23½
Maafsstab der Längen